부모는 관객이다

불완전해서
더 완벽한

괴짜
육아법

부모는 관객이다

유희진 그림
박혜윤 글

책소유

프롤로그

'나다운 엄마 되기'의 여정

모든 책의 서문을 한마디로 표현하자면 "왜 이 책은 세상에 존재해서 읽혀져야 하는가?"에 대한 답이다. 인간이 "나는 왜 사는가?"에 대한 답을 구하는 것처럼, 엄밀히 따져보면 정해진 답은 없다. 내가 이 세상에 반드시 살아야 할 이유는 없다. 책도 마찬가지다. 한 사람이나 한 권의 책이 세상에 없다고 해서 달라지는 건 별로 없다.

그래도 우리는 답을 찾는 노력을 멈출 수가 없다. 왜냐하면 바로 이 순간, 우리는 삶이 아무리 구질구질해도 살아 있고, 그리 중요하지 않아도 누군가에게 들려주고 싶은 이야기가 있기 때문이다. 그때 우리는 "왜"라는 질문을 살짝 바꾸어 "어떻게"를 질문한다. 각 민족이나 종교의 창세신화도, 우주의 시작을 알아내고자 하는 과학탐구도 그런 맥락일 것이다. "왜 존재해야만 하는지"를 알 수 없다면 "어떻게 존재하게 됐는지"에 대한 답이 아쉽게나마 우리의 존재 의미가 될 수 있을지 모르니까.

그렇다면 우리 책은 "어떻게" 존재하게 됐을까? 글을 쓴 박혜윤은 고2와 초3인 두 딸, 그리고 그림일기를 그린 유희진은 초1 아들과 유치원생 딸과 함께한 이야기를 기록했다. 각자 완성한 글과 그림 중 비슷한 메시지를 담은 것들을 골라 나란히 배치했다. 두 가족의 다른 이야기로부터 비슷한 메시지를 느낄 수 있다면 또 다른 누군가의 이야기와도 만날 수 있을 거라고 바라는 마음을 담기로 했다.

박혜윤의 이야기

엄마가 되면서 '생각'을 하게 됐다. 물론 그전에도 생각을 안 한 것은 아니다. 공부하고 시험 치고 일하면서 많은 것을 배워야 했고, 직장, 배우자, 재테크를 위한 선택들에 직면해서는 고민도 많이 했으니까. 좋은 답, 성공적인 답을 찾기 위해 죽을힘을 다해 생각을 해왔다.

그런데 엄마가 된 후 나의 생각들은 어린아이 같이 단순한 질문들로 채워졌다. 너무 단순해서 도저히 답이 없을 것 같이 뻔한 그런 질문들 말이다. 가령, 아이가 즐겁다는 것은 무슨 뜻일까? 아이를 내버려둔다는 것은 어떻게 하는 것일까? 좋은 엄마와 이기적인 엄마의 차이는 무엇일까? 나는 좋은 엄마일까? 내가 아이에게 원하는 것이 아이에게 얼마나 이로운 것일까? 정답은 찾지도 못하고 질문만 끝없이 쌓여갔다.

그렇게 질문이 늘어나는 동안, 내 아이들은 무럭무럭 잘 컸다. 남들에게 자랑할 만한 특별함이 있어서가 아니라, 건강하게 하루하루를 즐기면서 말이다. 내가 무엇을 잘해서 그렇게 잘 큰 것 같지는 않았다. 그래서 아이를 가만히 '보고' 있었다. 그랬더니 내가 질문하고 아이를 관찰하는 것 자체가 아이의 성장에 영향을 미치는 것이 분명해 보였다.

아이 키우기 전까지 모든 일은 나의 노력에 비례해 결과가 나왔다. 오랜 시간 공부하면 시험을 잘 보고, 친구에게 정성을 많이 쏟으면 친구들이 많아지고, 열심히 일하면 인정받을 수 있었다. 하지만 아이는 내가 특별한 노력을 하지 않는데도 쑥쑥 컸다. 나는 내가 지금까지 당연하다고 여겼던 세계, 그리고 나라는 사람에 대해 다시 생각해야 했다. 세상에서 가장 쉬운 일이면서, 동시에 가장 복잡한 일이기도 했다. 나는 질문했고, 아이들은 성장하면서 그 답을 일상의 순간에서 보여줬다. 그 질문과 경험들을 블로그에 썼다.

많은 부모들이 현실적인 불안감 때문에 좋은 교육에 대해 고민하는 모습을 접했다. 인생에서 가장 쉽고 즐거워야 할 육아를 어려운 숙제처럼 느끼는 모습이 안타까웠다. 하지만 내가 블로그에서 주장하는 육아 방식이 다른 사정의 가족에게도 적용될 수 있을지 확신할 수 없었다. 그렇게 많은 부모와 아이들이 공부와 대학에 매달린다면 그것 나름의 장점과 즐거움이 분명히 있을 것 같아서였다. 각자 자기 내키는 대로 아이를 키우는 것이 최종 정답일 것이다. 그래서 블로그 글을 모조리 삭제했다.

그러자 몇몇 사람들이 답글을 달았다. 지금까지 너무나 열심히 보고 있었다고. 그중 『잠이 오는 이야기』를 쓰고 그린 유희진

작가가 내 글에 감동을 받아 그랬다며 그림을 보여줬다. 내 글을 읽고 아이들과의 일상 작은 부분들이 달라졌다고 했다. 도리어 내가 감동받았다. 내가 아니라 내 글이 누군가에게 가닿은 감동 말이다. 내가 다른 사람의 인생에 대해 평가를 내리고 조언하는 것보다 나만의 독특한 상황에 대한 고민을 담은 글이, 다른 삶을 살아가는 누군가에게 오히려 살아 있는 메시지가 될 수 있다는 것을 깨달았다. 그가 그림으로 표현해내는 그의 가족 이야기를 통해 내가 놓쳤던 내 가족들의 또 다른 특성들을 발견했다. 그와의 공동작업의 결과는 자연스레 책이 되어야 했다. 나는 우리가 이렇게 만나서 나눈 이야기를 세상에 들려주고 싶었다.

비슷한 시기, 양준일이라는 쉰 살의 가수가 '제1의' 전성기를 맞았다고 떠들썩했다. 그는 30여 년 전 20대 초반에 음반 두 장을 내고 잊혀졌었다. 그를 찾아낸 건 유튜버들이었다. 옛날 화면에서 그의 무대 의상과 춤이 지금 봐도 세련되다는 점에 열광했다. 이 열광이 한 예능프로 '슈가맨'에서 그를 수소문해서 찾아내게 한 것이다.

그의 이야기는 이것이 다가 아니다. 예능프로 '슈가맨'의 탄생에 관한 숨은 이야기가 또 있다. '슈가맨'이라는 프로 이름은 '슈가맨을 찾아서'라는 다큐멘터리에서 따온 것인데, 이 다큐멘터리는 1970년대 미국에서 잠깐 활동하다 이름 없이 사라진 '로드리게스'라는 가수를 찾는 과정을 그린다. 그는 노동자였지만 천재적인 음악성을 가지고 두 장의 앨범을 냈다. 그런데 그가 다시 노동자로 돌아가 결혼하고 아이들을 기르며 평범하게 살아가던 30년 동안, 지구 반대편 남아프리카공화국에서 그의 음반은 대성공을 거둔다.

지독한 인종차별에 저항하던 국민들의 영감이 된 것이다.

이 음반의 팬 중 두 명이 로드리게스를 찾아 나선다. 가사에 나온 실 한 오라기 같은 단서를 가지고 그를 찾아낸다. 그제야 로드리게스는 자신의 음악이 어두운 시절을 지나던 한 나라의 국민 모두에게 위로가 되었음을 알게 된다.

로드리게스의 음악과 저 먼 외국의 팬들, 그리고 다큐멘터리, 그 다큐멘터리를 본 한국 방송국 PD, 유튜버, 그리고 양준일…. 이렇게 연결 고리가 전혀 가깝지 않은 이들과 우연들이 엮어서, 하나이면서 각 개인의 이야기가 된 것이다. 어떤 이야기도 완결되지 않은 채. 이렇게 엄청난 음악성이나 대박 스타 등과 같은 믿기지 않는 이야기들은 사실 아주 평범한 많은 사람들 각각의 이야기가 모인 것이다. 책으로서 별로 가능성이 없을 것 같던 나의 이야기가 유희진의 이야기를 만났고, 또 다른 누군가가 만들어낼 독특한 이야기의 작은 씨앗이 되길 희망하게 됐다.

이 자세한 이야기가 이 책의 서문에 어울린다고 생각하는 이유는 바로, 우리 모두 각자 이렇게 아이를 키우고 있다고 생각하기 때문이다. 우리는 아이들의 미래를 가능하면 완벽하게 준비해주려고 한다. 하지만 우리가 씨앗을 뿌렸다고 해서, 그 씨앗이 자라는 것까지 우리가 내키는 대로 하거나 온전히 책임질 수는 없다. 씨앗도 책도 아이도 우리가 통제하지 못하는, 우리가 이해할 수 없고 예측할 수 없는 무수한 다른 이들과의 이야기를 만나 유일무이한 존재가 될 것이다. 모든 부모들은 다 다른 방식으로 아이를 키우고, 다 다른 이야기를 만들어낸다. 우리가 할 수 있는 것은 그 이야기의 작은 한 부분으로 참가했다는 즐거움, 그뿐이다.

내가 열심히 생각을 하고 블로그에 글을 쓰는 동안, 내가 전혀 몰랐던 유희진은 그의 이야기를 통해 내 글을 찾아냈다. 그리고 우리가 함께 책을 만들어냈고, 이 책은 또 그 나름의 이야기를 가지고 누군가에게 닿을 것이다. 아이 키우는 것도 그렇다. 내 아이를 내가 생각하는 어떤 모습으로 키우는 것이 아니라, 나의 이야기와 그리고 나의 자식으로 만난 이 아이의 이야기가 함께 자라는 것을 보며 즐거워하면 된다.

이 책에서는 육아의 목표를 아이가 '자기 자신만의 이야기가 있는 사람'으로 성장하는 것에 둔다. 이 목표에 따라 다음의 3가지 주제로 나눠 썼다.

1) 아이가 자신이 어떤 사람인지 발견하고 스스로를 받아들이는 과정에서 함께하기
2) 타인, 세상과의 건강한 관계 맺기에서 아이가 나다움을 키워 나가기
3) 아이가 개인의 경쟁력이 아니라, 가족 안에서 자아와 세상에 대한 긍정적 믿음을 쌓아가기

책은 '나'의 이야기를 쓰다 보니, 내가 우리 아이들에게 먼저 무언가를 하는 것처럼 읽힌다. 하지만 반대로 내 아이들을 통해서 배운 것이 있다. 무조건적인 사랑은 내가 아니라 우리 아이들이 내게 준다는 것이다. 내가 아이들의 미래를 걱정하거나 아이들을 위한다는 생각으로 무언가를 하려 할 때, 아이들은 아무런 의심도 불안도 없이 나를 있는 그대로 받아주었다. 남들이 혹은 내 자신이 스스로 게으르고 무심한 엄마가 아닐까 의심할 때조차도. 아이들에게 "사랑한다."고 말하는 대신 "엄마를 사랑해줘서 고맙다."고 전하고 싶다. 그게 공정한 말일 것 같다.

유희진의 이야기

처음 박혜윤 작가의 글을 읽은 건 포털 사이트 검색을 통해서였다. 언제부턴가 나는 입만 열면 아이들에게 노파심이라는 핑계로 잔소리를 했다. 아이들도 점점 내 말을 흘려듣고 짜증으로 대꾸하기 일쑤였다. 말하는 법을 바꾸고 싶어서 책을 찾고 인터넷도 뒤져봤는데 뾰족하게 마음에 드는 답이 없었다. 잔소리 없이 상냥하게 말하기 위해 해야 할 노력도, 연습할 것도 많았다.

그러던 중 검색 창에 '잔소리 안 하는 법'이라고 쳐보았다. 그랬더니 '잔소리 안 하는 법: 모르면 된다'란 글이 떴다. 제목 그대로, 아이에 관한 것들, 가령 학교 스케줄, 준비물 등을 엄마가 모르면 잔소리할 게 없다는 내용이었다. 너무 단순해서 이게 정말 가능할까 의심스러웠지만 묘하게 설득력이 있었다. 그 글을 시작으로 블로그에 있는 나머지 게시물을 모조리 다 읽었다. 그랬더니 개종에 버금가는 수준으로 육아에 대한 내 태도가 완전히 달라져버렸다.

그의 글을 언뜻 훑어보면 엄마가 어느 정도까지 아이에게 아무것도 안 해줄 수 있는가에 대해 쭉 써놓은 것 같다. 난 이를 대강 흉내 내서, 애써 아이들을 위해 해주는 것들을 멈추어보았다. 가령, 다투는 두 아이들에게 내 기준의 해결책을 마련해주는 대신 아이들이 생각해내는 기발한 방법을 들었다. 아이에게 흘린 것을 닦는 법을 가르쳐주고서 나중에 뭘 흘렸을 때 스스로 치우도록 기다려주었다. 부족한 엄마인 채로 아이들과 함께했더니, 함께여서 완벽한 순간들이 찾아왔다. 그런 순간들을 그림으로 그려 내 SNS에 공유하고서 박혜윤 작가에게 알렸다. 그간 썼던 글을 책으로 만들어달라고 조르면서.

그의 글을 읽을 때마다 육아에서 어려움을 주는 부분이 하나씩 해소되었기 때문에 더 많은 사람이 그의 글을 읽길 바랐다. 그랬더니 같이 책을 만들자는 답이 돌아왔다. 그림일기를 묶어서 책으로 출판할 계획이 전혀 없어서 잠깐 놀랐지만, 이 책은 꼭 만들고 싶었다. 우선 나부터가 그의 글을 종이책으로 읽고 싶었으니.

그러니까 내 입장에선, 많은 부모들에게 아주 쉬운 육아법을 소개하고 싶은 마음에 이 책을 만들자고 한 것이다. 부모가 완벽하지 않아도 아이와 함께 채워나갈 수 있다니, 이보다 편하고 쉬운 육아가 어디 있겠는가?

그런데 책 만드는 사이에 전에 없던 불안이 싹트기 시작했다. 육아를 빈틈없이 채우는 대신, 부족한 대로 남겨두기로 마음먹고 나니 그동안 옳다고 믿었던 것까지 함께 무너져내렸다. 그제야 얼핏 아이에게 아무것도 안 해주는 것처럼 보이는 이 엄마가 아주 중요하고 집중력을 요하는 무언가를 '하고' 있다는 걸 알게 되었다. 그것은 바로 '관찰'이었다. 그때까지 눈앞에 있는 아이는 내게 관심의 대상이 아니었다. 내 관심은 미래의 아이에게 있었다. 육아가 마치 기대에 부응하는 미래의 아이를 목표로 하는 장기 프로젝트 같았다. 나는 실험을 설계하고 오류를 조정하느라 바빠서 현재의 아이에 대해 뭔가 궁금해할 틈이 없었다. 하지만 목표가 없어졌으니 이제 눈앞의 아이를 바라볼 수밖에.

아이를 바라보며 애써 머릿속에 떠오르는 내 시선과 내 기준의 생각들을 지우고, 원하는 대답을 유도하는 대신 진짜 질문을 하는 연습을 해본다. 그러는 사이 나는 잔소리가 아주 '쬐금' 줄었고,

우리는 전보다 더 서로의 말에 귀를 기울이게 되었다.

책을 작업하는 동안, 박혜윤 작가와 주고받은 이메일을 읽을 때마다 타인에 대한 그의 남다른 시선을 고스란히 느낄 수 있었다. 아이에게 잔소리를 하지 않는다는 그는 마찬가지로 내게 어떤 지적도 하지 않았다. 내가 스스로의 문제를 지적하면 그게 어떻게 문제가 아닌지를 설명해주었다. 아이 키우는 문제로 질문도 종종 했는데, 이전에 한 번도 생각해보지 않은 문제에 대한 질문이 되돌아왔기 때문에 이제 웬만한 건 그에게 묻기 전에 스스로 생각해본다.

그와 대화를 나눌수록 이야기 속 엄마가 진짜 그 자신이구나 하는 생각이 든다. 그러니까 이건 단순히 육아 노하우를 알려주는 책이 아니라, 보기 드문 독특한 엄마와 그 가족들의 이야기 자체다. 이 책을 통해서 내가 배우고 싶은 것도, 다른 독자들과 나누고 싶은 것도 바로 그 지점이다. 좋은 엄마라는 표준에 도달하려고 애쓰기보다, 내 아이와의 관계 속에서 각각의 독특한 '나다운 엄마'를 발견해내는 것 말이다.

차 례

프롤로그
'나다운 엄마 되기'의 여정 004

PART 1.

나답게 자라는 아이:
시작도 끝도, 바라봐주기 016

아이들을 공평하지 않게 사랑하기 018

자식과 부모, 서로 이해하지 못해서 더 채워지는 것들 034

조기교육, 맥락 전체를 흡수하는 스펀지 학습 043

불량 엄마의 철학: 아닌 걸 하지 않는다 059

잔소리 안 하는 법: 모르면 된다 068

아이는 부모의 단단함을 테스트한다 076

엄마 없는 동안에도 아이는 자란다 083

배움, 나만의 스토리를 쌓아간다 090

PART 2.

세상과 연결되는 길:
불완전해서 나다울 수 있는 자유 100

서로 무관심한 세상, 나는 네게 관심이 있다 102

치우는 것도 즐거운 놀이 113

자유란 무한의 선택지를 주는 것이 아니다 124

신나는 교육비 지출, 결과 대신 과정을 산다 135

해줄 수 없는 일, 엄마도 자신을 알아간다 147

타인과 부대끼며 가장 나다워지는 일 155

불편의 반대 지점에 끈질김이 있다 164

과정에서 배운다는 것 178

아이와 돈 이야기하기 186

사물의 교육, 아이에게 주는 자유와 훈육 205

PART 3.

가족:
'우리'라는 경쟁력 220

희생하는 엄마 되기를 거부한다 222

함께 하는 즐거움, 가사 나눔 230

잔소리와 대화의 차이 238

좋은 부모가 아니라, 그냥 부모면 좋아 250

둘 다 이길 수 있는 자식과의 즐거운 싸움 257

나다운 엄마 되기, 사실은 불량 엄마 266

아이와의 기 싸움, 바오밥나무 기르듯 274

완벽으로 가는 길, 우리만의 모자람을 사랑하기 287

또 다시 가족, 서로 발견해주는 기쁨 298

에필로그

아빠를 질투하게 만드는 엄마 / 완벽한 우리 엄마 312

(PART 1.)

나답게 자라는 아이 :

시작도 끝도,
바라봐주기

아이들을 공평하지 않게 사랑하기

PART 1.
나답게 자라는 아이: 시작도 끝도, 바라봐주기

두 아이에게 나름 공평하게 대하려고 노력해요.
그런데도 아이들은 서로 자기가 더 차별받는다고 불평해요.
어떻게 하면 아이들이 엄마가 똑같이 사랑한다는 것을
느끼게 해줄 수 있을까요? 형제자매 간에 경쟁하면서 크는 게
과연 좋은 걸까요?

두 살 터울 초등학생 자매가 있는 가족을 만났다. 허니문 중인 신혼부부처럼 똑같은 옷을 입고 다녀서 자매 사이가 그렇게 알콩달콩 하나 싶었다. 좀 더 잘 알게 돼서 집에도 놀러 갔다. 똑같은 장난감이 대부분 두 개씩이다.

"왜 같은 게 두 개씩이나 있어요?"

"안 그러면 둘이 싸워요."

간식 먹을 때에도 엄마가 똑같이 나눠주려고 고군분투한다. 귤은 크기가 다르고 먹음직스러운 정도도 다르니 개수로 나눠도 이런저런 불만이 터져 나온다. 개수로 셀 수 없는 빵, 케이크 등은 더 큰 문제다. 옆에서 어색하게 지켜보다가 나도 한마디 거들었다.

"저, 그냥 부엌용 저울을 하나 마련하시는 게 어때요?"

"오, 그것도 방법이네요!"

헉, 농담이었는데! 옷, 장난감을 똑같이 사는 것은 물론, 엄마가 잠들기 전 책을 읽어줄 때 각자 고른 책의 개수뿐 아니라 책의 페이지 수도 같아야 하고, 수영이나 악기도 똑같이 해야 하고, 심부름을 시키는 것도 순서대로 시켜야 한단다.

공평과 정의가 실현된 집안일까? 순간 '공산주의'가 생각났다. 공산주의 국가들이 망한 건 이론이 나빠서라기보다는 집권층의 부정부패 때문이었다고들 말한다. 그런데 가정에서 집권자인 부모의 부정부패가 있을 리 없으니 '공평한 분배'라는 공산주의 이론적 이상이 완벽하게 실행되고 있는 셈이다. 공평과 정의는 인간이라면 자연스럽게 추구하는 가치다. 그러니까 자식 모두를 공평하게 똑같이 사랑하는 것은 인간의 본능에 충실하고 옳은 일이다.

이 아이 둘이 똑같은 장난감, 똑같은 옷, 똑같은 예체능 활동을 좋아하는지는 알 수 없는 일이다. 무엇을 좋아하는지 알기 위해서는 남과 비교하지 않고 자신의 취향을 탐구하는 시간과 노력이 필요한데, 모두가 똑같은 것을 공평하게 갖는 것에 그렇게나 많은 에너지를 쓰고도 남는 힘이 있을지 모르겠다. 엄마조차 외출하고 돌아와 문앞에서 '이번엔 누구를 먼저 안아줘야 할 차례인지'를 곰곰이 따져봐야 한다고 하니 말이다. 아이들을 안아주는 행복보다 먼저 공평함을 신경써야 할 것이다.

우리는 여기서 '공평해야 한다.'는 대전제의 문제가 아니라,

'과연 공평이 무엇일까?'에 대해 생각해볼 필요가 있다. 침대 사이즈에 맞춰 자는 사람의 다리를 자르거나 늘리는 프로쿠르스테스의 침대가 아니라, 각기 다른 사람의 키마다 늘었다 줄었다 하는 침대가 육아에 있어서만큼은 가능할 수도 있지 않을까? 아이마다 각자 좋아하는 다른 옷을 입게 하고, 다른 장난감을 갖게 하고, 각자 원하는 다른 시간에 안아주는 것 말이다.

이 공평한 집안의 엄마에게 도대체 왜 이렇게 하게 됐냐고 물었다.

"내가 어렸을 때 나는 헌 옷, 헌 책만 갖는 게 너무 싫었어요. 그거 말고도 학교 행사가 겹치면 엄마가 언니한테 가고 나는 어리다고 뒷전이었죠."

"그래서 지금 엄마 노릇 하는 게 생각하시던 것과 같나요?"

"비슷하지만 꼭 그렇진 않아요. 해보니까 저도 인간인지라 어떻게 완벽하게 똑같이 할 수가 있겠어요. 그리고 솔직히 말하자면, 나랑 더 잘 맞아서 이해가 잘 되는 아이가 있기도 하고."

"그래도 아이들은 엄마가 어릴 때 느꼈던 불만은 없겠네요."

"그렇지도 않아요. 그러니까 만날 싸우죠. 그래도 한 가지 공평하다면 둘 다 불공평하다고 똑같이 불만이 있다는 거?"

"더 잘 맞는다고 하신 아이가 혹시 ○○이 아닌가요?"

"헉, 어떻게 아셨어요? 그렇게 티가 나요? 하긴 애들이나 다른 사람들도 그렇게 말하곤 해요. 하지만 이렇게 한 번 보고 알 정도로 티 나는 줄 몰랐어요. 저도 억울해요. 정말 힘들어 죽겠어요. 둘이 똑같은 거 사주는 데에 쓸데없는 돈 쓰는 것도 아깝고, 만날 시시콜콜한 것까지 따져봐야 하고. 그런데도 애들이 둘 다 불만이면 정말 화가 나거든요. 나보고 어쩌라고…. 너무 피곤해서 애들한테 화내게 될 때도 많아요. 그래도 둘 다 똑같이 혼내요, 후훗."

"그러면 성장할 때 언니 분은 더 혜택받는다고 만족해하셨나요?"

"그렇지도 않았어요. 언니는 엄마가 자기한테만 잔소리한다면서 요새도 싸워요."

"그것도 부러우세요?"

"그렇기도 하고, 아니기도 하고…. 그러고 보니 전 언니랑 달리 제 맘대로 할 수 있던 것도 많았어요. 언니가 엄마 감시 때문에 못한 것들이요. 하지만 언제나 언니가 먼저니까 더 혜택받은 것도 사실이고요. 손주 봐주시는 것도 언니가 먼저 애를 가졌으니 조카는 봐주셨는데, 저는 혼자 둘을 다 키웠어요. 엄청 힘들었지요. 하지만 언니랑 엄마랑 아직도 육아 방식 차이 때문에 싸워요. 그렇게 보니 뭐가 더 좋은 건지 잘 모르겠네요."

애들을 키워보면 누구나 안다. 사방 천지에 더 좋은 장난감이 널려 있어도 꼭 한 아이가 가지고 노는 걸 다른 애도 갖고 놀고 싶어 한다는 걸. 애만 그런 건 아니다. 앞에서 말한 '공평'에 대한 욕구가 인간의 본능적인 것처럼, 남의 떡이 커 보이는 것 또한 마찬가지다. 그래서 각자 다른 취향을 존중해주는 것 역시 그렇게 간단한 해답이 아니다.

"형이 먼저 갖고 놀았으니까 네가 기다려야 해.", "이미 오래 가지고 놀았으니까 동생한테 양보해야지.", "둘이 사이좋게 가지고 놀지 않으면 둘 다 못 갖고 놀게 뺏을 거야.", "넌 이 장난감 거들떠도 안 보다가 왜 형이 갖고 노니까 뺏으려고 하는 거야?"…. 역시 애를 키워보면 안다. 이 중 어느 것 하나 그 누구에게도 만족스럽지도, 공평하지도 않다는 걸.

또 다른 집 이야기. 한 아이만 뛰어나게 학교 성적이 좋았다. 이 집의 엄마가 말한다.

"한 애가 좋은 성적을 받아올 때마다 마음이 조마조마했어요. 다른 애 앞에서 기뻐하는 모습을 보이지 않으려고 일부러 잘하는 애에게 공부 칭찬은 안 하고, 못하는 애한테는 공부 대신 다른 재능을 찾아주려고 학원도 더 많이 보내줘요. 나는 정말 자신해요. 공부 못하는 애의 기 안 죽이려고 할 만큼 다 했다는 걸. 그런데 막상 당사자는 다 크고 나서도 원망해요. 우리 집은 매사 공부 잘하는 애 위주로 돌아갔고, 자기는 차별받았다고요. 물론 시험 기간이 되면 집에서 TV도 크게 못 틀고 여행도 못 가고 그러긴 했죠. 하지만 어떻게 그것까지…."

많은 부모들의 주장과 자식들의 평가가 가장 많이 엇갈리는 부분이 바로 이것이다. 부모들은 '열 손가락 깨물어 안 아픈 손가락 없다.'며 공평하고 똑같이 사랑한다고 진심을 다해 굳게 주장한다. 그런데 부모 당사자 빼고 자식을 포함한 다른 사람은 다 안다. 부모가 누구에게 더 마음을 쓰고 있는지. 자식들을 똑같이 사랑하는 것은 부모에게만 당연하고 쉬운 일이다. 이는 인간의 뿌리 깊은 본성을 거스를 수 있다고 주장하는 것과 비슷하다. 부모이니까? 부모의 사랑은 위대하니까?

부모의 사랑이 어느 정도까지 위대할 수 있는지는 잘 모르겠다. 하지만 부모가 되는 독특한 즐거움은 안다. 인간으로서의 나약함, 불합리함을 인정하는 즐거움 말이다. 우리는 그러한 불완전함으로부터 특별한 나다움을 발견하게 된다.

국가의 정치 체계에서라면 이런 인정은 말도 안 된다. 공산주의를 생각해내고, 혁명을 일으키고, 거듭 실패하면서도 여전히 우리는 공평하고 정의로운 사회에 대한 목표와 노력을 멈출 수가 없다. 그런데 부모는 그러지 않아도 된다. 아이들 하나하나와 직접 만나 우주와 같은 무한의 시간과 관심을 쏟아 인간의 공평 개념에 얽매이지 않고도 사랑을 전할 수 있으니 말이다.

둘째를 낳자마자 난 인정할 수밖에 없었다. 첫째와 똑같이 공평하게 둘째를 사랑하는 것이 불가능하다는 것을. 둘째는 태어난 날부터 그치지 않고 울었다. 첫째는 대부분 혼자 누워서 잠들어 오래 깨지 않고 울지도 않으니, 나 역시 아이에게 장난치며 웃는 시간이 많았다. 반면 둘째를 키울 때는 이 우는 애를 어떻게 달래야 할지, 뭐가 문제인지 찾아내느라 진땀나고 심각해지는 시간이 많았다. 자라면서도 떼쓰지 않고 시키는 대로 하는 첫째에게 얼굴 찌푸리는 일이 없으니 둘째에게도 똑같이 해줘야 하는데, 둘째는 아무리 원하는 대로 해줘도 울어댔다. 그러니 이런 아이를 향해 마냥 웃어줄 수는 없는 일이었다.

기상천외한 말을 수시로 해서 우리 가족의 뒤통수를 때리는 둘째. 그 내용이 엉뚱하기도 하고, 허를 찌르는 예리함이나 통찰력이 깃들어 있을 때가 많다. 또한 상대와 대화할 때 보면 반응의 정도가 격하기도 하고 연극적이기도 하다. 때로는 이유 없는 반항이나 괜한 짜증을 부릴 때도 있다. 번뜩이는 창의성과 순발력, 예민함을 타고난 아이니 자기 스스로는 이유가 있겠으나, 나머지 가족들은 이해하지 못한다.

기억은 안 나지만, 한번은 그날도 뭔가 대단히 웃긴 말을 했다. 그러자 큰아이가 똑같이 따라 했다. 온 가족이 웃었다. 큰애가 둘째를 따라 한 걸 나도 그대로 따라 했다. 이제 막 아빠가 세 번째로 따라 하려던 찰나, 둘째가 내게 달려오더니 화난 표정으로 가지고 있던 인형을 휙 던진다. 일부러 그런 건 아닌데 정면으로 내 얼굴에 세게 맞았다.

아이 말을 왜 따라 해서 놀리느냐고? 사정은 이렇다. 여섯 살 많은 큰아이랑은 전문 놀이 교사처럼 놀아줬다. 아이랑 어떻게 즐겁게 놀아줄까를 열심히 궁리했다. 내가 생각한 대로 놀이를 시작하면 아이는 온순하게 구경하고, 하라는 대로 하고, 적당한 순간에 까르르 웃고, 눈치껏 다른 놀이로 넘어갔다. 안아주면 좋아하고 무리하게 안아달라는 요구도 없었다.

그런데 둘째와는 이런 놀이법이니 뭐니 아무것도 안 통했다. 일단 이 아이는 아무 일 없어도 울어야 했다. 태어나는 날부터 말이다. 이유는 그냥 울어야 하기 때문에, 그뿐이다. 아이가 예뻐서 머리를 쓰다듬어주면 갑자기 자기 머리통을 때리면서 노려보거나, 전후 맥락도 없이 갑자기 다른 방으로 달려가 고개를 숙이고 시위를 벌이곤 했다. 그게 또 언제나 그런 건 아니고, 자기가 내킬 때는 안아줘야 한다. 아이랑 우는 상황을 다시 복기하면서 확인해도 마찬가지다.

"나도 모르겠어. 그냥 눈물이 나와."

"그래, 우느라 힘들겠다. 엄마는 너에 대해 모든 걸 다 알고 싶으니까 네가 왜 우는지 너무 궁금해."

"우는 거 별로 안 힘들어."

"그래? 하긴 힘들면 그렇게 만날 울진 않겠지. 그럼 실컷 울어. 엄마는 힘들고 귀찮아서 안 울거든. 그래서 네가 우는 걸 보면 우리 아이가 얼마나 힘들까 걱정했지. 울고 싶게 태어난 거라면 울어야지."

"그런데 너무 많이 운 날은 약간 목이 아프긴 해."

"그럼 얼마만큼 울어야 괜찮은지 잘 생각해보고 그때까지만 울면 어때?"

"응, 그래도 목 아픈 날은 별로 없으니까 많이 울 수 있어."

"우와! 너무 시끄럽긴 한데 엄마도 잘 참아볼게."

"고마워."

이런 식이다 보니 둘째와 놀아주는 것, 둘째와 관계를 쌓아가는 것에 대해 나는 내 마음을, 내 기준을, 내 생각을, 아예 내 자신을 지우려고 해왔다. 아무것도 계획하지 않고, 아이의 반응을 두고 보는 것이다. 그러다 보니 아이랑 놀아주는 것이 아이에게 장난을 치는 쪽으로 발전됐다.

아이 아빠는 수시로 집 안 곳곳에 숨는다. 아이는 아빠가

"왕!" 하고 큰 소리 치면서 나타날 걸 알고 그게 무서워서 긴장하고, 가끔은 울고 화내면서 아빠를 찾아다닌다. 그러다가 아빠가 나타나 놀라게 하면 운다. 그래서 놀이가 끝나고 반드시 묻는다.

"아빠 숨지 말까?"

"아니, 해줘. 재미있어."

"근데 너 막 화내고 울었잖아. 네가 싫으면 안 할게."

그럼 또 다시 울면서 소리지른다.

"아니야, 재미있어. 계속해, 계속해줘."

"그런데 왜 또 울어?"

"몰라. 으앙, 엉엉엉!"

울면서, 웃으면서. 나도 수시로 장난을 친다. 큰아이한테는 음식이든 가족 나들이 계획이든 그냥 특별한 이벤트 없이 전달된다. 그런데 둘째한테는 다르다. 숨겨놓고 찾아보라고 하고, 엉뚱한 지시나 선택지를 만들기도 한다. 이게 솔직히 어른한테도 너무나 재미있다. 큰아이는 순둥이라서 별 반응이 없는데, 둘째는 화를 내기도 하고, 깔깔 웃기도 하고, 반응도 기상천외하고. 또 대부분은 그 상황을 스스로 변형시켜서 예측 못했던 결과를 만들어낸다. 그것을 기대하는 것이 나로서는 너무 재미있다.

그렇지만 오늘 아이가 내 얼굴에 인형을 던진 것은 심각한 돌발 상황이다.

"엄마한테 던진 인형은 이제 버려야겠다."

1, 2초 동안 내 머릿속에서는 별별 생각이 왔다갔다했다. 생각의 순서는 이랬다.

'이게 감히, 열받아.', '내 화가 내 얼굴에 드러나고 있잖아.', '앗, 여기서 멈춰야 해. 그럼 어떻게 해야 하지?', '내가 화내면 아이는 그걸로 벌을 받은 게 되어버리니까 결과를 스스로 책임지는 게 없잖아.', '화내지 않되, 행동의 결과는 아이가 받도록 하자.'

아이가 울면서 스스로 인형을 쓰레기통에 버리고 돌아온다. 그러곤 한참을 운다. 나는 숨죽이고 기다린다.

"엄마, 내가 잘못했어. 내가 엄마 얼굴을 맞히려고 한 게 아니라…."

"엄마는 처음부터 알았어. 그러니까 화를 안 낸 거야. 하지만 네가 생각을 안 한 건 맞아. 얼굴이 아니더라도 사람에게 무언가를 던지는 건 무조건 안 되는 거야. 엄마는 이 세상에서 장난치고 놀리는 건 너랑만 해. 언니랑도 안 해. 너 태어나기 전엔 이렇게 장난치면서 놀아본 적도 없어. 이런 건 내게 네가 처음이고 유일해. 그리고 장난치는 거 싫어하는 사람도 많아."

"왜 언니한테는 안 해?"

"몰라. 언니한테는 하고 싶은 마음이 안 들어. 너 학교 가 있는 동안에도 엄마는 아빠랑 너 놀리고, 그리고 너도 엄마 놀리면서 장난치고 놀았던 이야기하면서 깔깔 웃을 때가 많아. 그리고 다음에는 어떻게 장난칠까 궁리도 하고. 하지만 그건 네가 조금이라도 싫으면 엄마도 절대로 해서는 안 되는 거야. 엄마가 네 말을 따라 한 건, 언니가 이야기할 때는 따라 하고 싶은 말이 없는데, 네 말은 너무 웃겨서 말이지. 그럼 앞으론 하지 말까?"

"아니, 해. 계속 해."

"진짜야? 싫은 거 아니야? 싫은데 엄마가 재미있어 하니까 계속 하라고 하는 거야? 너도 재미있어야지."

"나도 재미있어."

"정말? 너는 이유 없을 때도 자주 우니까, 싫으면 엄마한테 꼭 알려줘야 해. 그런 장난은 하지 말라고. 그럼 절대 안 할게."

두 아이를 공평하게 똑같이 사랑한다는 건 내게는 불가능하게 느껴진다. 다른 아이에게 다른 재미를 느끼고, 다른 이야기를 나누고, 다르게 놀고, 다른 걸 배우고 가르치고, 그러니 다르게 반응한다. 아이 둘에게 무엇이든 똑같이 해줘야겠다는 마음을 먹은 적도 없다. 아이들도 언니와 동생을 비교하는 말은 하지 않는다. 언니의 엄마와, 동생의 엄마는 완전히 다른 사람이라는 것을 아이들은 그냥 안다.

그렇게 깨닫게 된 것이 있다. 함께 화목하게 웃고, 공부 잘하고, 시키는 말을 잘 듣는 것이 언제나 바람직한 일이라는 관점은 딱 한 가지 기준만 인정하는 것이라는 점이다. 이렇게 하나의 기준으로는 아무리 참고 견뎌도 절대 공평할 수 없다. 사랑은 공평이 아니라, 한 가지 기준이 아닌 아이마다의 다른 기준으로 변신하는 것이다. 그리고 인간은 절대적으로 옳은 하나의 기준을 찾아낼 능력도 사실은 없다.

학교 가는 아침에는 학교 가기가 싫어서 울고, 쉬는 날에는 집에 있기가 싫어서 우는 둘째를 향해 억지로 참거나 좋은 표정을 짓지 않기로 했다. 아이가 울 때, '저 애는 내가 영원히 이해하지 못할 거야. 참 이상한 애다. 이 애가 우는 게 참 싫다.'라고 생각하면서 아이 옆에 함께 있었다. 아이를 이해하려고, 사랑하려고 애쓰지 않았다. 하지만 우는 아이를 외면하지 않고, 그대로 지켜봐주었다. 그러자 화도 나지 않았다. 억지로 아이를 사랑하려고 하는데 그게 잘 되지 않으니까 아이에게 대신 화풀이하는 경우가 많다는 사실을, 그렇게 깨달았다.

내가 이해할 수 없는 아이인 만큼 정확한 이유는 모르겠지만, 아이를 혼내거나 내가 싫은 것을 참고 아이가 원하는 대로 해주려고 하는 것보다는 그냥 옆에서 가만히 바라봐줄 때 아이는 더욱 빨리 울음을 그쳤다.

"엄마, 무슨 생각해?"

울음을 그치자마자 그렇게 묻는 걸 보면, 자리를 피하지도 않고 그렇다고 울음을 그치게 하려고 혼내거나 달래지도 않으면서 자신을 지켜보는 엄마에 대한 궁금증이, 울고자 하는 의지보다 더 큰가 보다.

"언니는 잘 안 울잖아. 그래서 엄마가 언니랑 같이 놀 땐 웃을 때가 많아. 그런데 너는 잘 울잖아. 네가 우는 걸 보고 엄마가 기분 좋은 건 아니야. 당연한 거 아니겠어? 그래서 웃지는 않지만, 그래도 괜찮아. 언니랑 웃으면서 같이 노는 것처럼, 네가 우는 동안 엄마가 너를 기다리는 건 너랑 엄마랑 같이 노는 특별한 방식이니까. 울면 목도 아프고 힘들 텐데 얼마나 기분이 나쁜 걸까, 그런 생각을 해. 다른 사람이 운다면 시끄러우니까 아무 생각 없이 도망가고 말 거야. 하지만 엄마는 네가 우는 소리도 듣고, 모양도 열심히 보고, 네가 우는 이유도 열심히 생각해보는 거야. 그러면서 너에 대해 특별한 것들을 많이 알게 돼. 네가 우는 건 마음이 아프고 싫지만, 특별한 것들을 생각하게 되는 것은 말 그대로 특별해. 엄마가 왜 아이를 둘이나 낳았겠어? 똑같은 아이 둘이랑 똑같이 놀려고 그랬겠어? 아니지. 특별한 사람이 되고 싶어서 엄마가 된 거야. 그러니까 넌 언니처럼 항상 웃고 있을 필요가 없어."

두 아이는 끊임없이 서로를 비교한다. 서로 다르다는 것이 우열의 문제가 아니라, 특별해지는 전제라는 안심을 얻으면 비교는 즐거운 일이 된다. 식성, 취향, 잠자는 습관, 물건에 대한 선호, 정리 습관, 친구 관계 등 진정한 '나다움'은 역설적이게도 남들과의 비교에서 온다.

인간은 존재의 성립 자체부터 타인에 기대는 존재다. 두 아이에게 나는 중립적이고 공평한 재판관이 될 수 없다는 인정과 깨달음은, 나에게도 자아 발견의 계기가 됐다. 두 아이를 비교하기 전까지 생각해본 적 없던 나에 대한 발견 말이다. 나는 첫째처럼 냉정하고 독립적인 사람을 좋아한다. 둘째가 잘 운다고 판단했던 나의 관찰은 실은 객관적인 사실이 아니라, 나라는 사람 자체가 눈물이 없고 이성적 사고에 치우친 사람이기 때문이라는 것도 알게 됐다. 둘째가 초등학생이 되자 이런 이야기도 들려줬다.

"모든 엄마들이 다 똑같은 건 아니야. 어떤 엄마들은 너처럼 눈물도 많고, 많이 안기고 싶어 하고, 말이 많고, 도움을 쉽게 부탁하는 아이들을 애정이 넘친다고 좋아하기도 해. 엄마는 생각이 많아서 너의 행동을 멀리서 관찰하고 그 이유를 파악하는 걸 즐기는 타입이지. 그러니까 네가 우는 걸 싫어하는 이유는 엄마가 그런 사람이라서 그런 거야. 너랑 언니가 완전히 다른 것처럼 엄마들도 다 다르다고. 그러니 엄마한테도 부족한 점이 당연히 많지, 너나 언니처럼."

둘째가 잘 우는 것만큼이나 첫째도 내 마음에 안 드는 점(가령, 우유부단함 같은 것)이 있다. 나의 감정을 부정하지도 않고, 아이들을 내 마음에 맞게 바꾸려 하지도 않는다. 아이의 문제도 나의 문제도 아니고, 내가 그런 점을 싫어하는 사람일 뿐이기 때문이다. 이는 나에 대한 발견이고, 서로 비교하고 관찰하면서 특별하고 독특한 사람이 되는 과정이다. 그 과정을 즐기게 된 아이들은 엄마인 나에게도 똑같은 방식으로 너그럽다.

"우리 엄마는 다른 엄마들보다 밥도 대강하고, 낮잠 자느라 우리한테 집안일도 많이 시키고, 돈 버는 일은 안 하고 우리랑 노느라 우리 가족 모두 모든 걸 극단적으로 아껴 써야 하고…(애들도 나도 다 아는 나의 불량 육아를 다 열거하자면 책 한 권이 모자랄 지경이다), 그래도 우리 엄마는 특별하니까 좋아."

우리는 매 순간 서로를 용서하고, 용서받는다. 그렇게 각자 마음껏 스스로 편안한 모습이 되어간다. 음… 공평하게?

자식과 부모, 서로 이해하지 못해서
더 채워지는 것들

PART 1.
나답게 자라는 아이: 시작도 끝도, 바라봐주기

내가 어려서 겪었던 어려움들을 내 아이는 겪지 않게 해주려고
아이를 배려하는데도, 오히려 아이와 자꾸만 어긋납니다.
세대 차이일까요?

어떤 자녀교육서를 보고 있었다. 지나가던 고등학생 딸이 무슨 책인지 앞뒤로 살펴보더니 말한다.

"엄마, 왜 그런 책을 봐?"
"왜, 이런 책이 어때서?"
"난 이렇게 해서 자녀교육에 성공했다, 그런 자랑하는 거잖아."
"엄마도 그런 책 쓸 생각이고, 그렇게 자랑하고 다니는데?"
"음…, 엄마는 자랑해도 돼. 엄마 딸은 진짜 성공했으니까."
"엄마 딸? 고1인 너, 아님 네 동생? 걘 겨우 초3인데?"
"우리 둘 다."
"우와, 너희 무슨 성공했는데?"
"날 봐. 내 삶을 정말 좋아하잖아. 아침에 일어나면 또 하루가 시작돼서 좋고, 잘 때는 내일이 온다는 게 너무 기대돼. 정말 매일, 하루도 안 빠지고. 심지어 안 좋은 일이 있거나 내가 잘못한 게 많아서 창피한 날조차도 그래. 내일이 오면 어떻게 다를까 하는 기대 때문에. 더 말해줄 수도 있어. 휴대폰이나 SNS 없이도 친구랑 재미있게 지내고 있고, 엄마가 대학 안 가도 된다고 꾀어도 내가 좋아서 숙제도 공부도 하고, 엄마는 모르지만 나 나름 성적 관리도 하고 있다고."

"진짜? 너 성적 좋은 편이야?"

"헤헤, 그건⋯. 하지만 분명한 건 난 내 성적을 좋아한다고 말할 수 있어. 정말 즐거워서 공부하는 만큼 말이야. 내 성공 더 있어. 인형 만들어 팔아서 내 용돈도 조금 벌었고, 방학 때는 다른 돈 벌 계획도 하고 있고, 엄마가 없을 때에도 음식을 만들어 먹을 만큼 야채도 좋아하고, 일찍 자고 많이 자니까 아침에 기분 좋게 일어나고. 가족이랑 매일 스킨십하는 것도 좋아하고. 엄마가 이야기하면 뭐든 따를 거고. 하지만 결국엔 엄마가 나 하고 싶은 대로 내버려두게 할 만큼 엄마를 설득할 자신도 있어. 그러니까 엄마는 자랑해도 돼. 왜냐하면? 엄마는 다른 엄마들처럼 열심히 하는 것도 없거든."

"그건 그렇지. 손 안 대고 코 풀기!"

"하하하, 근데 진심 아니지? 난 다 알아. 엄마가 진짜 아무것도 안 하는 게 아니라는 거. 그걸 어떻게 표현해야 할지 모르겠어. 동생도 봐."

"걔 뭘 성공했는데?"

"태어날 때부터 떼쟁이로 태어났잖아. 그런데 지금은 개처럼 즐거운 애가 어디 있어? 자주 울긴 하지만, 아무도 안 괴롭히고 자기가 금세 탈탈 털고 웃잖아. 아무도 부러워하지 않고, 불평하지 않고, 자기가 울고 싶을 때 기분 나쁜 건 마음껏 표현하면서도 뭐든 열심히 배우고 싶어 하고."

"흠, 네가 말하는 게 성공이라고 치자. 뭐, 동의할 사람은 별로 없겠지만. 그럼 내가 엄마로서 어떻게 했더니 이렇게 됐다, 이렇게 자랑해야 하는데 뭐라고 말하지?"

"그게 미스터리야. 내가 지금 당장 표현을 못하겠어. 예를 들어볼게. 친구들이랑 많이 하는 얘기 중에 어른들한테 진짜 빡치는(요즘 아이들이 자주 쓰는 말이다) 게 있어. 선생님이나 부모님들이 애들한테 하는 얘기 중에 '널 이해해. 나도 그 나이에는 너같이 느꼈어. 지금 네가 어떤 심정인 줄 알아. 그래도….' 아, 이 말 진짜 빡쳐. 이해한다면서 친절한 척, 잔소리하고 싶은 걸 참는 척하며 결국 주절주절 잔소리로 끝나지. 결국 1도 이해하지 못한 거야. 하지만 엄마는 그런 소리를 절대 안 해. 친절하지도 않고, 우리 문제를 해결해주려고도 하지 않아. 근데 이상하게 결국 해결이 되는 거야. 적어도 엄마가 나도 모르는 내 문제를 너무나 잘 알고 있다는 느낌이 들어."

"정말? 근데 그건 너무 슬프다. 어른들도 자기 딴에는 최선을 다하는 거야. 왜냐하면 내가 자랄 땐 어른이 '널 이해해.' 같은 소리는커녕 무조건 강압해서 무서웠거든. 우리 세대들은 자라면서 그 이전 어른들을 보면서 결심한 거야. '나는 나중에 어른이 되면 더 친절해야지, 말로 설명해야지.' 그걸 실천하는 거야. 그런데 난 왜 안 그러냐고? 그건 말이지, 엄마가 더 생각을 해봤거든. 나보다 윗세대 어른들은 도대체 왜 그러는 건지. 그분들이 하는 이야기를 잘 들어봤더니, 이러는 거야. '넌 복받은 줄 알아. 우리는 자랄 때 늘 배가 고팠어. 책도 없어서 공부하고 싶어도 못했고.' 다들 자기는 윗세대가 했던 나쁜 부모 노릇보다 나으니 자기는 잘하고 있다고 생각하는 거야. 그렇지만 정작 그걸 평가하는 아랫세대는 불평이잖아. 그래서 나는 '윗세대처럼 안 해야지.' 결심하는 대신 '어차피 젊은 애들은 날 이해 못할 거야.' 그렇게 생각하게 된 거야. 안 되는 걸 뭐 하러 하나. 이게 운명이라면 받아들이자며 포기한 거지. 내가 널 이해하는 건 아니야. 네가 성공했다는 부분도 엄마와 같은 세대 사람들은 잘 이해하지 못할 거야. 우린 좋은 대학, 존경받는 직업이 인생의 많은 문제를 해결해주는 시대를 살았으니까. 근데 엄마는 40년 동안 살아오고 믿어왔던 그 방식을 계속 주장할 만한 끈기가 없고, 이걸 너희한테 주장하는 게 귀찮아. 네가 너의 성공을 주장하면 그게 이해가 안 되니까 재미있고 신기해. 그런데 완전히 이해하지 못해도 네가 엄마와 다른 걸 주장한다는 건 확실히 좋아. 그게 구체적으로 무엇인지 다 이해할 필요는 없잖아. 엄마가 좋아하는 유행가 가사가 있는데, '네가 나를 모르는데, 난들 너를 알겠느냐? 한치 앞도 모두 몰라. 다 안다면 재미없지(목청껏 노래를 부름)!"

"이것 봐. 엄마가 날 만들어가는 방식이 바로 이거야. 다른 애들은 부모님이나 선생님, 다른 어른들이 '널 이해한다.'며 이야기하면 빡치고 화가 난다는데, 난 엄마가 말하는 게 궁금해서 열심히 들어보게 되거든. 엄마 세대는 어려서 이전 세대들에게 뭘 어떻게 당해온 걸까 하고 말이야. 그리고 나도 어른들을 이해하지 못하는 거겠지, 스스로 돌아보게 돼. 또 엄마가 좋아했던 예전 노래를 태연하게 부르는데, 나도 그걸 좋아하게 돼. 다른 엄마들은 우리가 좋아하는 요즘 노래를 같이 좋아하겠다고 노력하는데, 엄마는 그런 노력도 안 하고 맘대로 하잖아. 나는 정말 엄마 같은 엄마가 되고 싶어. 아무것도 안 하면서 모든 걸 다 하는 거 말이야. 그걸 아직 못 배웠어. 내 친구들도 그래. 너희 엄마는 진짜 쿨한데 무섭기도 하다고. 뭔가 대단한 걸 알고 있는 것 같대."

"나 진짜 아무것도 모른다니까. 너희 세대가 아니라서…."

"하하하, 그러니 더 의심스러운 거지. 너무 많이 알아서 모르는 척하는 것 같단 말이야."

"그나저나 책은 많이 못 팔겠다. 네가 혹시 아이비리그를 간다고 해도 내가 뭘 잘해서 이렇게 됐다는 주장을 할 수가 없어서 말이야."

개인적 특성을 탐구하고 여유로운 놀이 시간을 즐기는 대신에 주어진 환경에 맞게 공부하고 경쟁해서 삶의 의미를 찾아 성공하는 것은, 물론 부럽고 칭찬할 만한 일이다. 하지만 나는 여기에, 아이들이 이를 스스로 선택하는 과정이 의식적으로 추가되길 바란다. 아이들 중 드물지만 가만둬도 공부를 열심히 하며 성취감과 행복을 느끼는 아이들도 있다. 그 역시 좋은 답이다. 내 아이들의 경우에는 자유를 주니 그냥 속 편하게 놀면서 자기만의 인생을 즐기고 있다. 그렇게 주어진 자유 안에서 자기가 선택하는 것이라면 그게 어떤 것이든 자체로 좋다고 생각한다.

아이를 위하는 것과는 별개로 내 자신을 먼저 챙기는 엄마가 되기로 한 것은 애 낳고 처음 3년의 충격 때문이다. 그 시기에는 몸이 힘들어 죽는다. 이때를 겪으면서 나는 내 몸을 애지중지하는 인간으로 거듭났다. 몸이 힘들고 아프면 모든 게 끝장이다. 좋은 인간이나 좋은 엄마가 되는 건, 일단! 먼저! 좋은 잠을 자고, 좋은 음식을 먹고, 몸에 좋은 노동만을 하는 것부터 온전히 다 하고 그다음에 고민할 일이다.

아이가 대소변 처리를 완벽하게 한 후부터는 몸 편한 게으름뱅이 불량 부모 노릇이 세상에서 가장 쉬운 일이 된다. 날이 갈수록 그렇다. 이 세상 다른 모든 일들은 내가 해온 성취, 내가 잘하는 것, 내가 가진 것들을 증명해서 보여줘야 한다. 그런데 엄마 노릇은 '나 아무것도 없어.'라며 증명해보일 게 없어진다. 그러면 드디어! 애가 나 대신 그걸 증명하려고 나선다. 그게 스스로 잘 크는 것이다. 그러면서 정말 좋은 보너스가 생긴다. 애가 '엄마 덕분에' 잘 크고 있다고 주장해서 나를 기쁘게 한다.

바로 이게 두 번째 교훈이다. 자꾸 비우고 비워서 나의 무엇을 주장하지 않으면서 사는 것이다. 특히 아이 키우는 일이 엄청나게 쉬워진다. 아이가 옆에서 나를 자꾸만 채워준다. 그걸 내가 비워둔 공간에 잘 받는 것. 그렇게도 살아진다는 걸 배웠다.

한 걸음 더

질문   스마트폰을 최대한 늦게 사주고 싶은데, 아이가 사회성이 아주 좋은 편은 아니어서 저것마저 없으면 아이들 사이에서 고립되진 않을지 걱정됩니다. 그런 걱정을 극복하는 비결이 궁금합니다!

답   스마트폰을 가진다고 해서 그것 자체로 문제가 되지는 않아요. 휴대폰 중독은 증상인 경우가 많아요. 다른 문제가 있으니까 사람들이 스마트폰을 탐닉하는 거죠.
그리고 또 하나 기억해야 할 것이 있습니다. 아이에게 스마트폰을 사주고 나서 그때부터 부모들이 편해지면 문제가 된다는 것 말이죠. 스마트폰 사용 초기에 부모와 함께 하는 법을 익혀야 해요. 그냥 못하게 하는 것이 아니라, 아이가 어떻게 무슨 활동을 하는지 함께해야 해요. 스마트폰을 쥐어주고 "난 쉬어야지." 하면 절대 안 돼요. 그러면 얼마나 귀찮겠어요. 당연히 엄마가 쉬어야 하지만, 스마트폰이 아이를 나로부터 떨어지게 만들어주는 역할을 하게 하면 안 된다는 말입니다. 전 게으른 불량 엄마라 그게 귀찮아서 안 사줬어요. 안 그래도 이야기 들어주고, 지켜보고, 함께 감탄하고, 세상을 연구하는 것을 해야 하는데, 여기에 더해 스마트폰의 세계까지 같이 들어가는 게 피곤할 것 같아서요.

조기교육,
맥락 전체를 흡수하는 스펀지 학습

PART 1.
나답게 자라는 아이: 시작도 끝도, 바라봐주기

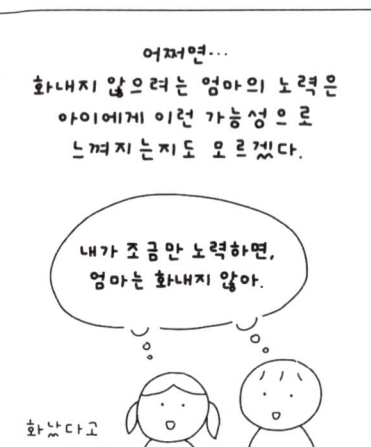

아이가 어렸을 때, 다들 자기 아이들이
천재인 줄 안다고 하잖아요. 부모들의 착각일까요?
아이가 뛰어난 부분의 특성을 잘 키우고 유지해주고 싶어요.

어린아이들의 성장, 학습 능력에 대해 '마치 스펀지처럼 빨아들인다.'는 말이 있다. 식상할 정도로 흔한 얘긴데, 사실 어른들은 이 말이 정확하게 무슨 뜻인지 상상하기 어려울 정도다. 그래서 어른들의 상상 범위에서 나온 것이 바로 '조기교육'이다. 서너 살부터 한글을 가르치고, 대여섯 살짜리에게 덧셈과 뺄셈, 구구단까지 가르치고, 파닉스니 뭐니 외국어 교육을 시킨다. 어려운 춤 동작이라든가 인체 구조에 관한 미술 활동도 시킨다. 아이들이 최소 한두 분야 안에서는 놀라울 정도로 두각을 나타내는 경우도 있다.

그런데 나는 그 어떤 것도 아이들에게 가르칠 생각이 없었다. 어른이 생각하는 배움과 지식의 분야, 즉 글, 숫자, 그림, 음악, 신체활동…, 이런 것들을 다른 아이들보다 몇 년 더 빨리 배우다고 해서 성장이 완료된 시점에서도 더 높은 수준을 보장하는 것이 아니라는 건 주변만 둘러봐도 분명해 보였기 때문이다.

예를 들어, 한글을 서너 살에 터득했다고 나중에 더 훌륭한 독해력을 갖는 것은 아니고, 초등학교에 들어가서 한글을 배웠다고 글을 못 읽는 아이도 없다. 아이들의 스펀지 학습 능력은 사실 어른들이 생각하는 책과 수업, 강의 계획, 연습들과는 무관하다. 적어도 나는 그렇게 생각한다.

여전히 인간의 아기가 도대체 어떻게 언어를 배우는지는 미스터리다. 분명한 사실은 아기들이 학습지를 풀면서, 교과 과정을 따라가면서, 지루하고 끈기 있는 연습을 통해 말하기를 배우지는 않는다는 것. 그냥 아무것도 하는 일 없이 먹고 자고 싸다가 가끔 말도 안 되는 소리를 지껄이다 어느 날 짜잔 하고 해치운다. 중요한 건 주변 어른들이 말을 하고 있었다는 것, 그뿐이다.

그럼 이 기적의 스펀지 학습 능력을 가진 아이에게 무엇을 가르치는 게 좋을까? 그것이 바로 관찰하기다. 어떻게 하는 거냐 하면, 그냥 내가 관찰을 하면 된다. 내 아이를 '가르치지' 않고 '관찰하기.'

내가 관찰하는 방법에 대해 소개하겠다. 관찰하기에서 중요한 것은 칭찬이나 비난, 모두 하지 않는 것이다. 칭찬이나 비난 모두 관찰이라기보다는 엄마인 나의 '의견'이다. 혹은 사회적인 의견을 대변하는 것이지, 아이 자체는 아니다. 가령, 아이가 그림을 그려서 엄마에게 보여준다. "잘했다."라는 칭찬 대신 일단 아이의 그림을 본다. 정말로 '본다.' 좋아하지도 않고 싫어하지도 않고, 시간을 들여 천천히. 그러면 과연 어떤 일이 벌어질까? 궁금해진다. 뭔가가 궁금해질 때까지 기다려야 한다. 가장 간단한 질문은 "이건 뭐야?" 정도이다. 중요한 건 순수한 궁금증이 생길 때까지 기다리는 것이다. 그렇지 않으면 추궁이 된다. 하지만 진짜 궁금해서 하는 질문은 아이도 안다(모든 아이는 천재다).

꼭 질문의 형태가 아니어도 된다. "여기 날개를 길게 그렸네. 색깔이 다르네." 이렇게 묘사해도 좋다. 그리고 아이에게 질문한다. "너는 이 그림이 좋아?", "왜 좋아?", "그릴 때 제일 어려운 곳은 어디였어?", "마음에 안 드는 부분은?" 등등. 이런 건 "잘했어."라고 칭찬해주는 것보다 훨씬 오랜 시간과 정성이 든다.

하지만 좋은 소식 하나는, 엄마가 이러면 아이가 그렇게 자주 오지 않는다는 거다. 왜냐하면 아이도 귀찮으니까. 집안일이나 인터넷을 하면서 건성으로 백 번 대답해주는 대신 온전히 모든 것을 멈추고 아이와 길게 시간을 가지면 아이도 안다. 엄마랑은 한 번 시작하면 오래 집중해야 한다는 것을. 그래서 아이도 마음의 준비가 되고, 긴 대화를 하고 싶을 때에만 엄마에게 온다.

이제는 아이의 관찰이 시작된다. 진정한 스펀지 학습은 아이가 엄마의 관찰 방법을 그대로 배우는 것이다. 아이가 엄마를 관찰하기 시작한다. 엄마가 자신을 관찰했듯이. 초등학교 내내 아이가 내게 묻곤 했다.

"엄마, 화났어?"

처음에는 내가 아이들에게 너무 무서운 엄마인 걸까 궁금했다. 그래서 궁금하면 아이에게 직접 묻는다.

"엄마가 너한테 화난 것 같아서 무서워?"

"아니, 엄마가 나한테 화 안 내는 건 알지만, 그냥 엄마 표정이 평소랑 다른 것 같아서."

이런 때는 보통 내가 멍 때릴 때다.

"아무 생각도 안 하는데, 네가 그걸 포착한 거야."

"엄마가 아무 생각 없다고 저번에도 말해줘서 그런 줄 알았지만, 그래도 자꾸 물어보고 싶어. 엄마는 무슨 생각을 할까 정말 궁금하거든."

그리고 아이는 내게 질문을 한다. "내가 학교 가고 나면 엄마는 뭐해?", "기분은 어때?" 등 별 이상한 질문을 다 한다. 아마 내가 질문을 하면 아이도 그렇게 생각할 것이다. 이렇게 자라 고등학생이 되어 관찰의 수위가 높아지면 "엄마의 단점은 말이야…." 이런 식의 이야기도 한다.

"내 생각에 엄마는 정말 대단한 사람이야. 뭘 해도 너무 쉽게 해. 엄마가 요리하는 걸 봐. 요리사처럼 맛있게 만든다는 게 아니고. 좀 전에도 가지, 부추, 팽이버섯에 물 좀 뿌리고 익혀서 먹으라고 줬잖아. 소금도 안 뿌리고. 그게 무슨 요리냐고. 당연히 맛이 없지. 근데 신기하게도 못 먹을 맛이 아니었거든. 누가 감히 그런 이상한 짓을 하겠냐고. 서너 살 먹은 애한테나 고등학생 애한테 그런 걸 먹으라고 주는 거 말이야. 엄마는 너무 태연하게 하는데, 그게 엄마의 능력이라는 거야."

"음, 칭찬 아닌 것 같은데? 너희들이 착해서 그렇지. 잘 먹어줘서 고마워."

"근데 엄마는 왜 만날 낮잠 자고 놀 생각만 해? 프로 작가가 되려고 노력할 수도 있잖아. 교육 컨설팅도 본격적으로 할 수 있고. 뭐가 됐든 사회에서 직업을 가지려는 노력을 하지 않는 이유가 뭐야?"

"음, 그게 엄마의 최대 약점이야."

"게으른 거?"

"응. 엄마는 내가 재미있는 것만 하고 싶고, 다른 사람들한테 내가 이룬 걸 인정받거나 사회적인 지위를 얻으려고 애쓰는 게 귀찮아. 엄청 노력해야 하는 일이거든."

"엄마가 온종일 게으른 건 아니지. 엄마는 모든 걸 쉽게 바꾸잖아. 새로운 걸 시도하는 것도 좋아하고. 그런데 왜 그 게으름은 바꾸지 않아?"

"별로 그럴 마음이 안 생기는 거지. 왜 그러지는 잘 모르겠어. 그러니까 넌 그 부분에서 엄마랑 다른 사람이라는 거지? 너는 사람들에게 너를 설명하고, 사람들에게 인정받는 성취를 하고 싶은 거야? 엄마처럼 게으르지 않게?"

"응, 바로 그거야. 그거만 빼면 나머지는 전부 엄마처럼 살고 싶어."

"우와, 기대된다. 엄마는 네가 어떻게 살지 정말 궁금해. 네가 엄마를 관찰하면서 엄마의 좋은 점, 나쁜 점을 발견했던 것처럼 엄마도 네가 사는 걸 열심히 관찰할 거야. 그건 나한테 너무 즐거운 일이야. 엄마의 나쁜 점을 발견했다고 엄마가 싫은 게 아니라, 너 자신에 대해 원하는 것과 관련된 걸 생각한 거잖아. 그러니까 엄마 역시 너의 완벽하지 않은 모습을 봐도 그건 실은 네가 나쁜 게 아니라, 나와 다른 점… 그러니까 내 자신에 대한 것이고. 또 그런 발견의 과정이 재미있고 사랑스러울 뿐이야."

"엄마도 엄마가 보기에 나의 단점을 알려줄 거지? 다른 사람들이 내게 지적하는 건 인정하고 싶지 않은데, 엄마가 말하는 건 고치고 싶어. 내 단점이 엄마 자신에 대한 것이라곤 하지만, 이상하게도 엄마는 나를 정확하게 보고 있는 것 같거든."

"그건 엄마도 그래. 네가 엄마를 정확하게 보고 있으면서 동시에 너에 대해 생각하는 거 말이야."

"맞아. 내가 앞으로 어떻게 살아야 하나 고민하면서 엄마를 관찰하는 거야."

고등학생 딸아이와 나는 서로에게 아무것도 고치라고 하지 않는다. 그리고 얼핏 보기에 아이가 나의 나쁜 점을 무섭게 꼬집은 것처럼 들리기도 한다. 물론 그런 부분도 있지만, 그건 정말 작은 부분이다. 나 역시 거침없이 아이에 대한 내 생각을 말하곤 한다. 더 큰 우리의 소통은 상대에 대한 주의 깊은 관찰이다. 그 관찰의 주인은 각자 자기 자신이다. 내가 누구인지 알기 위해 타인을 관찰하는 것이다. 그러려면 일단 내 자신을 비워야 한다. 그것이 사랑이다.

이것만이 유일한 사랑의 방식이라고 말하는 게 아니다. 이것은 내 아이에게 조기교육시킨 우리의 방법이다. 어떤 아이들이 한글과 수학을 공부하는 동안, 나는 내 모자란 부분을 아이에게 향하게 하고 아이를 관찰했다. 그리고 아이는 그걸 그대로 따라 한다.

하지만 아이의 이 모방 학습은 결코 단순 복제가 아니다. 아이는 자신을 걸고 부모의 모자란 부분을 채우려고 노력하는 존재이기 때문이다. 모든 인간의 아이가 다 그렇게 발달한다. 흔히 자녀를 향한 부모의 사랑이 얼마나 크고 조건 없는지에 관해 이야기를 한다. 하지만 그건 아이들의 표현 능력의 부족 때문이고, 사실 부모는 결코 자식이 부모를 사랑하는 만큼 자식을 사랑할 수가 없다. 아이는 자기 자아를 발견해야 하는 생존의 욕구로서 부모를 사랑하기 때문이다.

심리발달학자인 레프 비고츠키의 이론에 따르면, 인간의 발달은 온전히 사회적 학습이다. 나의 존재가 먼저 있은 후에 세계에 대한 지식을 흡수하는 것이 아니다. 내 자신이 없기 때문에 이를 알기 위해 외부, 즉 타인을 모방하고 그것을 내면화하면서 비로소 나 자신이 되어가는 것이다. 어른들은 나 자신의 존재가 없는 상태를 상상할 수가 없다. 어린 시절의 기억이 없는 건 아마도 기억력의 문제가 아니라, 기억을 담을 내 자신이 없기 때문일 가능성이 높다. 자신을 만들어가기 위한 재료인 외부, 즉 부모의 존재는 엄밀히 말하면 외부도, 내부도 아니다. 아이가 부모의 모자란 점을 무조건적으로 채우고자 하는 것은 바로 자기 자신으로 생존하기 위한 필수적 과정이다. 그러니 부모에 대한 아이의 사랑이야말로 무조건적이고 맹목적인 것이다. 스펀지처럼.

그래서 나는 내가 완벽한 부모가 되려는 노력보다 내 아이가 나의 부족함을 채우면서 자기 자신을 만들어가는 그 강렬한 욕구를 장려하는 쪽을 택했다. 내가 이미 가진 잡다한 선입견, 그저 그런 지식들을 아이에게 주입하기보다는 아이가 가진 높은 가능성과 관찰 능력에 기대 나도 아이와 더불어 성장한다. 아이가 나의 사회적 성취에 대한 게으름을 지적했다고 해서 내가 다른 사람이 되어 사회적 활동을 시작하는 게 아니라, 내가 얼마나 사회적 성취에 둔감한 사람인지를 깨달았다. 내가 원하는 사회적 인정이 얼마나 섬세하고 복잡한 욕구인지, 내가 정확하게 원하는 정도와 방법을 다시 연구하고 깨닫게 된 것이다. 나는 매일 출근하는 정규직 직함을 갖는 사회적 활동보다는, 내가 시간을 조절하면서 소수의 사람과 직접적인 관계를 만들어가는 사회적 활동을 좋아한다. 그리고 내 아이는 나와 달리, 안정적·사회적 인정을 추구한다는 것도 함께 알게 됐다.

부모자식 간 대화의 나쁜 예도 있다. 여기에서 '나쁜'의 의미를 먼저 설명해야 한다. 내가 지금 말하고자 하는 '나쁘다'는 것은 나쁜 부모라든가, 나쁜 자식이라든가, 자식이 사회적인 성공을 못 이룬다든가, 인격적 문제가 있다는 뜻이 아니다. 누가 봐도 사랑과 인내, 희생이 넘치는 부모님들에게 왜 아이가 까칠하게 반응할까? 심지어 아이도 부모가 자신에게 얼마나 잘해주는지 잘 알면서 말이다. 바로 이런 상황을 가리켜 붙인 말이다.

어떤 엄마와 고등학생 딸의 대화를 가정해보자. 엄마는 아이가 아침마다 늦게 일어나서 아무것도 먹지 않고 헐레벌떡 학교를 가는 것이 싫다. 그리고 아이가 늦잠 자면 학교 가는 버스를 놓치게 되는데, 그러면 아침을 챙겨서 아이를 차로 데려다주는 수고를 마다하지 않는 훌륭한 엄마다.

"밤에 조금 일찍 자고 일찍 일어나면 아침도 먹을 수 있고, 엄마가 아침에 데려다주지 않아도 되잖아."

그러자 아이가 화를 낸다.

"알았어. 데려다주기 싫다는 거 아냐? 그럼 데려다주지 마."

"그게 아니고, 좀 일찍 자라는 거지."

"어떻게 일찍 자. 할 게 있다니까."

"네가 할 게 뭐 있어. 계속 휴대폰이나 붙잡고 있었잖아."

"엄마가 뭘 알아? 아, 그냥 안 데려다주면 될 거 아냐."

"그 말이 아니잖아. 엄마가 데려다주기 싫다는 것도 아니고."

"아, 됐다고. 그만 말해."

내가 좋은 부모가 되려고 크게 노력하지 않는다는 것은 바로 이런 경우를 두고 하는 말이다. 아이가 한두 번 늦게 일어난 날에는 학교에 못 갔다. 아침에 아이를 깨워주지도 않고, 아침밥도 물론 안 챙겨준다. 전날 냉장고에 준비해두면 초등학생 아이도 스스로 꺼내 먹는다. 며칠 연속으로 안 먹고 나가면, 아예 준비를 안 한다. 아이가 꼭 먹겠다고 약속하고 부탁할 때까지. 내가 희생적이고 착한 엄마 노릇을 하지 않는 자리에서 아이는 스스로 일어나 학교를 갈 수 있는 아이가 됐고, 그걸 스스로 자랑스러워한다.

우리 아이들이 내가 아침도 챙겨주지 않는 나쁜 엄마라고 불평하지 않는 이유는, 아이가 할 수 있는 일들을 미리 준비하고,

아이가 그것을 해나가는 과정을 지켜봐주는 일을 엄마가 하고 있음을 알기 때문이다. 더불어, 아이들은 내가 비운 자리를 채우면서 자기가 어떤 사람인지 발견한다. 두 아이들이 시간을 두고 자신만의 아침 시간을 만들어가는 과정을 함께 이야기하고 나눈다. 가령, 큰애는 아침에 일어나 잠이 덜 깬 상태에서 아침을 먹으면서 정신을 차리는 편이고, 둘째는 일어나자마자는 식욕이 없어서 대신 책을 읽는다. 옷 갈아입는 시간도 각자가 얼마나 걸리는지 미리 파악하는데, 큰애는 자기 전에 다음 날 입을 옷을 준비하고, 둘째는 아침에 아무렇게나 걸쳐 입기로 한다. 그런 발견들이 모여 자아가 형성된다. 처음에 허겁지겁 먹거나, 시간 조절이 잘못돼서 엉뚱한 옷을 입는 실수들을 하는 과정은 엄마와 함께 이야기를 나누면서 수정해간다.

위 사례에서의 아이는 벌써 고등학생이면서도 자신이 일어나 아침 시간을 어떻게 보내야 좋은 하루를 시작할 수 있는지 고민해볼 기회가 없었을 것이다. 엄마를 닮아 아이도 마음이 착한데도 그렇게 화를 내는 것은, 엄마에 대한 게 아니라 자기가 누구인지 잘 알지 못하는 불안의 표출일 가능성이 높다.

조기교육에 관한 질문과 그 답이라고 하면, 학교 공부나 예체능 기술을 익히는 시기, 방법에 대한 것이라고 생각하기 쉽다. 하지만 아이가 평생 배움을 멈추지 않는 사람으로 성장하기를 바란다면 당장 영어 단어를 몇 개 더 빨리 익히는 것이 아니라, 더 오래 더 멀리 차이를 만들어내는 조기교육이 이뤄져야 할 것이다. 배움이라는 것은 결국 나만의 것을 만들어내는 행위, 흔한 말로 창의성을 기르는 것과 다르지 않다. 남들과 다르기 위해 남과 경쟁하는 것이 아니라, 스스로 빛나는 '나'가 되어야 한다. 그것은 배움 자체를 즐거워하는 나만의 방식을 알아가는 것이다. 본능적으로 배움을 즐거워하지 않는 인간은 없다.

사실 학교 공부만큼 지루하고 사람을 쉽게 질리게 하는 교육 방식은 찾기 힘들 것 같다. 아이들이 학교에서 배우는 방식이 배움의 전부라고 착각하지 않기를 바랐다. 그게 나의 구체적인 조기교육이었다. 숙제나 교과서, 시험은 반드시 해야 하는 것이 아니라, 그냥 즐거운 만큼만 하는 것이라고 일러두었다. 싫으면 안 하는 방식을 연구해보자고 했다. 그러자 큰아이와 둘째는 다른 방식으로 학교 공부 즐기는 법을 터득하기 시작했다.

남들의 시선과 행동을 지켜보면서 그들과 어울리는 걸 좋아하는 큰아이는 초등학교 입학 후 일 년 가까이 숙제를 안 해갔다. 그러다 어느 날, "나도 숙제해서 내는 사람이 되고 싶어."라고 하더니 숙제, 시험 등의 스케줄 관리하는 걸 즐긴다. 둘째는 남들은 전혀 신경쓰지 않는 타입이라 숙제를 내주면 몰입해 하면서도 학교에 가져가는 것은 신경도 안 쓴다. 하지만 몰입 자체를 즐긴다. 그렇게 배움을 자기만의 방식으로 '배우는' 아이들은 학교 공부만이 아니라 발레나 종이 접기, 뜨개인형 만들기 등도 스스로 배운다. 아이들의 학교 성적이나 이 과외활동의 수준이 어떤지 궁금할지 모르겠다. 그냥 꽤 괜찮은 정도다. 하지만 공부하라는 압박이 없다고 놀기만 하지는 않는다. 스스로 즐거운 방식으로 딱 그만큼 공부한다. 당연히 학교 공부하는 시간은 짧고 많은 시간 놀지만, 나는 아이들이 최선을 다하지 않는다고 생각하지 않는다. 공부도, 노는 것도 똑같이 진지하게 집중하기 때문이다.

너무 이상적으로 들리는가? 한국 교육 환경의 독특한 어려움 앞에선 소용없는 일이란 생각이 드는가? 남들을 따라가지 않을 때의 사회적 시선과 불안함 말이다.

사실 어려운 도전이다. 하지만 어려운 도전이 때로는 가장 좋은 기회가 될 수도 있다. 봉준호 감독이나, BTS, 김연아 선수 같은 세계적 인물이 한국에서 배출되는 게 어떻게 가능한가에 대한 이론들이 분분하다. 이런 세계적 수준의 업적이 나오려면 그 바탕이 되는 저변과 지원이 튼튼해야 하는데, 그렇게 충분하지 않은데도 이런 결과가 나온 것에 모두들 의아해한다. 어쩌면 한국 사회의 획일적 기준과 억압적 시선을 극복하는 고단한 과정 자체가 이들에게 영감이 됐는지도 모른다.

아, 그렇다고 해서 나도 우리 아이를 제2의 누구누구로 키워야겠다고 다짐할 필요는 없다. 이들의 업적이 아니라, 이들이 한국적 문화에 끊임없이 의문을 가졌다는 점, 그로부터 도망가지 않고 그 안에서 자신만의 색깔 찾기를 멈추지 않았다는 것이 중요하다. 이들의 성공은 누구라도 복제하기 어려운 일이다. 하지만 '나'를 찾아가는 과정 자체는 그런 이름난 성공을 이루지 않더라도 의미 있는 자신만의 업적이 될 수 있다.

한 걸음 더

▲

질문　구체적으로 일부 직업이나 일류대 등을 목표로 삼는 부모들은 드문 것 같아요. 제 주변만 봐도 아이가 어느 정도 나이가 되면 어떤 방향이 적성에 잘 맞아 보이니 그쪽으로 좀 더 지원해주겠다는 정도지요. 조심스럽지만, 쓰신 글의 초반에 육아 자기계발서에 관한 내용이 나오는데 마치 많은 엄마들이 1등, 명문대, 전문직 등 정량적 성공에 너무 목맨다는 걸 전제로 하는 것 같은 느낌을 받았어요. 실제론 보통의 경우, 아이가 아이비리그에 가는 것보다, 행복한 삶을 사는 게 더 큰 성공이라고 생각하는 부모들이 많은 듯합니다. 이에 대해 어떻게 생각하시나요?

답　제가 대학원에서 연구하면서 여러 다른 인종의 엄마들을 만났어요. 연구 초반부터 한국 엄마들에게 유독 확실한 패턴의 차이가 '주변 엄마'들에 대한 부분이었어요. 저도 당연히 한국 사람이니까 주변 사람에 대한 안테나가 있죠. 아마 그래서 제 글에도 다른 엄마들을 구체적으로 언급하지 않더라도 그런 전제를 깔아두는 부분이 있을 거예요. '주변'을 의식하는 걸 멈출 수는 없지만, 한 가지 배운 것이 있어요. 나에게 주변이 유난히 의식되는 이유를 한번 생각해보는 것이에요.
실제로 제 주변에도 흔히 말하는, 교육열이 과도하게 비정상적인 그런 사람은 없어요. 자녀를 좀 더 좋은 인간으로 키우고 싶다고들 해요. 물론 이는 진심이고요. 그런데 한국에서 초등학생 아이들의 코딩 수업, 조기 영어교육과 의대와 교육대의 비정상적인 과열 경쟁은 그럼 어떻게 설명해야 할까요? 아이들도 마찬가지예요. 중2병이란 말이 있는데, 막상 제 주변 아이들을 떠올려보면 다들 착해요. 그러니까 제가 과장하는 다른 엄마들은 실체가 없는 유령에 가까울 거예요.

그런데 문제는, 우리 모두가 이 실체가 있다고 믿는 데에 있어요. "현실이 그러니까 어쩔 수 없어. 나는 그래도 다른 극성 부모에 비하면 학원도 적게 보내는 편이야. 남들 하는 거 너무 뒤처지지 않게 따라는 가야 하지 않을까." 유령은 바로 여기에 있어요. 저는 이 유령의 허구, 허상, 비정상적임을 지적하고 싶었어요.

불량 엄마의 철학:
아닌 걸 하지 않는다

좋은 엄마가 되기 위해서 알아야 하고
해야 할 것들이 너무 많아요.
아이 키우기가 원래 이렇게 힘든 건가요?

나도 체면, 양심, 욕심, 불안… 이 모든 것에 끊임없이 시달리는 평범한 사람이다. 그래서 처음에는 '아이를 잘 키우겠다.' 하는 의욕이 넘쳤다. 지금처럼 '난 아무것도 안 하는 게 아이가 알아서 잘 크는 걸 도와주는 것이다. 따라서 난 속 편하게 아이가 어떻게 자라는지 지켜보면서 즐거운 시간을 보내겠다.' 그랬던 건 아니다. 어느 날 갑자기 특별한 계기를 통해 바뀐 것도 아니다. TV를 보며 시간을 때우면서, 사람들과 가벼운 수다를 떨면서, 예전에 읽던 책을 생각하면서, 그냥 매순간 어떻게 '잘' 키울까가 머리 한 켠에 항상 있었던 것뿐이다. 그렇게 천천히 나도 모르게 바뀌어 갔다. 누구나 살면서 갖게 되는 자기만의 철학은 이렇게 생기나 보다.

장사 안 되는 골목 식당을 찾아다니며 컨설팅을 해주는 한 TV 프로그램에서 외식 사업가 백종원이 한 다음의 이야기가 인상 깊었다.

"많은 사람들이 이렇게 음식 장사를 시작한다. 메뉴를 정한다. 파스타든, 칼국수든, 고깃집이든. 그리고 나서 해당 메뉴로 잘나가는 맛집에 먹으러 간다. 먹으면서 자기 가게의 미래를 상상해본다. 백이면 백, 다들 이렇게 생각한다. '에이, 그냥 먹을 만한 정도인걸. 서비스도 겨우 이거야? 나도 이쯤은 하겠다.' 하지만 가게를 차리려면 잘되는 가게가 아니라, 망하고 있는 가게에서 먹어봐야 한다. 안 되는 가게에 가도 딱히 엄청 못하는 건 없어 보인다. 그런데도 파리 날리는 가게에서 우울한 인상의 가게 주인을 봐야 한다. 그제야 비로소 가게가 잘되는 게 이렇게 어렵다는 걸 깨닫는다. 그런 후, 안 되는 가게가 왜 안 되는지를 분석하면서 장사가 안 될 때 나는 어떻게 해야 할지 대비해야 한다."

여러 자녀, 부모들을 만나면서 이 실패한 가게 이야기에 격하게 공감하게 된다. 건강하고 행복한 가족들을 보면 그다지 특별하지 않다. 적당히 고민도 있고, 실수도 하고, 싸우기도 한다. 서로 어마어마한 사랑을 나누거나 가족 중 누군가가 엄청난 장점을 가진 것 같지도 않다. 평범하게 좋은 사람들이다. 그러니까 이들이 '행복해 죽겠다.' 이러면서 사는 건 아니란 의미다. 그런데 가족관계 때문에 혹은 자식이 속을 썩여 고통스러워하는 가족들을 만나보면 드라마나 영화에서 그려지는 것처럼 못된 부모나 아이들은 한 번도 못 봤다. 다들 성실하고 착하고 장점이 많다. 화목한 가정에도 있을 법한 별거 아닌 것 같은 한두 가지의 실수, 고집, 단점 때문에 불행의 사이클에서 벗어나지 못한다.

즉, 가게를 차리든 애를 키우든 누구나 열심히는 한다. 재능의 차이도 실전에서는 별로 중요치 않다. 성공하는 가게를 차리기 위해 천재적인 요리 실력이 필요한 것도 아니고, 좋은 부모가 되기 위해 대단한 학식이나 많은 돈, 혹은 도인 수준의 수행이 필요한 것도 아니다. 그러니까 특별한 비법, 뛰어난 능력을 키우는 것보다 더 중요한 건 아마도 치명적인 실수를 줄여나가는 건지도 모른다. 좋은 엄마가 되는 것을 궁리하는 것보다, 엄마로서 절대로 하지 말아야 할 것을 하지 않는 것 말이다.

한마디로 '부정의 부정'이랄까? 에리히 프롬은 『사랑의 기술』에서 사랑을 정의하면서 같은 방법을 썼다. 사랑이 무엇인지가 아니라, 무엇이 아닌지 말이다. 그는 신에 대한 사랑을 예로 들며, 우리가 신을 사랑할 때 신의 긍정적 성품을 사랑해서는 안 된다고 했다. 신이 자비롭다거나 전지전능하다거나 하는 긍정적인 속성은 신을 내 자신의 수준으로 묶어두는 셈이다. 대신 '신은 무엇이 아니다.'라는 인식이 내 자신을 넘어서는 진정한 사랑이라고 할 수 있다. '신은 악하지 않다.', '신은 노하지 않는다.'와 같이 말이다. 신이 어떻게 선한 모습을 보이는지는 잘 알 수 없지만, 악하지 않다는 것은 분명하다. 신이 자비롭다는 게 어떤 건지 우리는 알 수 없지만, 노하지 않는 것은 확실하다. 아이와 엄마는 신에 대한 사랑처럼 절대적인 존재로 만난다. 아이를 향해 '너는 어떠한 인간이다.' 즉 '너는 어떤 인간이 되어야 한다.'라는 나의 기준에 묶어 사랑하는 것은 아이에 대한 나의 사랑을 속박하는 것이다.

아이도 엄마인 나를 그렇게 사랑하고 싶지 않을까? '엄마는 어떤 걸 내게 해주는 사람'이 아니라, '엄마는 어떤 걸 하지 않는 사람'이라고. 나는 아이를 위해 무언가를 해주려는 궁리 대신, '아이에게 화내지 않는다.' 그냥 그것만 생각하기로 했다. 평범한 인간으로서 무언가를 열심히 하면서 '단 한 번도' 화내지 않는 건 불가능하다. 특히 나 같이 참을성이 부족하고 성질 급한 인간은 꿈도 꿀 수 없는 일이다. 하지만 '화내지 않기' 딱 그거 하나만 하는 것은 노력하면 가능하다. 아이를 키우면서 내 성격이 바뀐 것도 아니다. 무엇을 해줘야 한다는 의무감, 아이를 어떤 모습으로 만들어야 한다는 목표가 없으면, 내 아이야말로 세상에서 가장 사랑스러운 존재다. 저절로 화가 안 난다. 가끔 다른 일로 피곤하거나 짜증이 날 때도, 평소에 아이에게 해주는 게 별로 없는 엄마로서 화를 낼 수가 없다. 참는 것이 쉬워진다. 모든 사람의 내부에는 양심의 저울이라는 것이 있어서 아이에게 평소에 해준 것이 많으면 그만큼 화도 쉽게 나는 것이다.

바쁜 직장맘 엄마를 가진 아이 가운데 원만하고 건강하게 자란 경우를 자세히 들여다보자. 이 경우, 엄마가 평소 전업주부 엄마보다 많이 챙겨주지 못하는 것을 돈이나 물질 같은 것으로 보상하지 않는다. 엄마가 해주지 못하는 상태를 다른 보상으로써 '하는 상태'로 만드는 대신, 엄마의 부족함을 그대로 인정하면서 아이를 지켜보고 아이의 자유와 책임을 폭넓게 허용한다. 당연히 아이에게 화도 안 낸다. 다른 엄마만큼 챙겨주지 못해서 미안하니까.

아닌 것만 하지 않아도 반은 성공한 것이다. 성경의 명시적인 육아법은 딱 하나다. '네 자녀를 노하게 하지 말라.' 역시 무엇을 하지 말라는 것이다. 장자의 '도'를 이해하는 것은 매우 어렵지만, 쉽게 생각하기로 작정만 한다면 열 살짜리도 이해할 수 있다. '도'는 설명되지 않는 것이다. 설명할 수 없는 것을 묻지도, 설명하려고도 하지 않아야 한다. 그러면 그게 '도'다. 이 역시 '부정의 부정'이다. 장자는 이렇게 말했다.

"나의 도는 누구나 실천할 수 있을 만큼 쉽다. 그러나 어떤 누구도 쉽게 실천하지 못한다."

'도'는 혼자 닦아야 하니 얼마만큼 배웠는지 알기 어렵지만, 육아는 아이와 함께하니까 처음에만 좀 참으면 할 만하다. 사실 할 만한 정도가 아니라, 갈수록 쉬워진다. 내가 아무것도 안 해주려고 끙끙 참는 동안, 아이가 그 부분을 채워준다. 일방적인 사랑이 아니라, 서로 사랑을 주고받으니까. 아이에게 잘해주려고 하지 말고, 아이한테 '잘못하는 것' 하나만 '하지 말자.' 아이를 훌륭한 사람으로 키우려 하지 말고, '너무 아닌 인간'만 안 되는 것을 목표로 한다.

육아뿐만 아니라, 장사든 직업이든 연애든 나 자신을 제외한 주변 사람들은 나의 그 작은 문제가 무엇인지 다들 알고 있다. 장사 안 되는 가게에 대해서 훈수 두면 다 보이는 것처럼. 왜 그렇게 분명한 것이 막상 내 눈에는 안 보일까? 나 역시 다른 사람의 단점은 잘 보이는데 말이다. 그 이유는 바로 뭔가를 자꾸 더 잘하기 위해 정신을 팔고 있기 때문이다. 그래서 나는 아이들에게 무엇이든 '덜 해주려고' 애쓴다. 내가 하는 것 중 하지 말아야 할 것들이 내 눈에도 보일 수 있는 유일한 방법이다. 다른 사람들에게서 좋은 조언을 들을 기회조차 이 '안 하기'를 '하고' 있어야 비로소 제대로 들린다. 거의 대부분의 사람들은 나의 문제점을 말해주지 않는다. 괜히 남의 기분을 상하게 하고 싶지 않기 때문이다. 그렇다. 내가 무엇을 자꾸 더 하려고 노력하고 있는 동안에는 혹시 누군가 나의 문제를 지적해주면 화가 난다. '내가 얼마나 열심히 하고 있는데, 네가 뭘 알아.' 이런 감정에 사로잡혀서 그들의 이야기가 절대로 들리지 않는 게 당연한 심리다.

결론적으로, 역설처럼 들리겠지만 완벽함으로 가기 위한 유일한 길은 부족함이다. 엄마로서든 인간으로서든 '완벽하지 않고 실수해도 괜찮다.'라고들 말한다. 그런 위로가 필요하다고. 하지만 그것은 위로가 필요한 것도 아니고, 괜찮은 것도 아니다. 나의 완성으로 향하는 유일한 길은 발전과 향상을 전제로 하는 부족함이 아니라, 부족함을 통해서 완벽해지겠다는 의지다.

아이 키우는 일보다 내가 더 높은 생산성과 경쟁력을 가지고 더 잘할 수 있는 일들이 있다. 아이 키우는 일보다 더 재미있고 더 보람된 일도 있다. 게다가 나는 집안 살림하고 아이 키우기에는 애초에 글러먹은 인간이라는 건 어느 모로 보나 누구나 쉽게 알 수 있다. 나도 인정한다.

아이들을 먹이고 입히고 학교 공부를 도와주는 일 등 어떤 것도 완전 불량이다. 이 세상 모든 일은 이 정도 불량이라면 대가를 치르고 그만두는 게 당연할 것이다. 그런데 실패해도, 그걸 뻔히 알고도 태연하게 실패를 쌓아가는 것으로 상을 받는 일이라니! 무슨 상이냐고? 그 상이라는 건 '매번 그렇게 불량해도 괜찮다.'라는 허락이다.

잔소리 안 하는 법:
모르면 된다

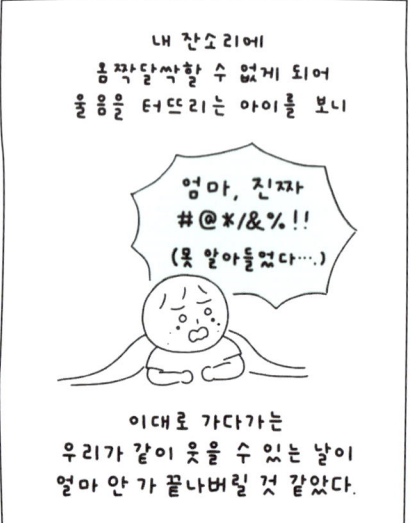

일단 내일은,

신발 신어!

라는 말을 하지 않을 거다.
애들이 맨발로 나갈 것도 아닌데
신발 신으라는 말은 대체 왜 하는 걸까?

시작이 너무 사소한가?

일단, 작은 것부터
하나씩 바꾸고 싶다.

엄마가 챙겨줘야 할 것들이 너무 많고 복잡해요.
학교나 사회에서 엄마가 도와주는 것을 당연시하니,
아이 혼자 하도록 놔둘 수가 없어요.
그러면 어쩔 수 없이 잔소리를 하게 돼요

큰아이가 연중 가장 큰 조정 대회에 참가했다. 돌아와서 내게 이렇게 말하는 거였다.

"엄마, 나처럼 혼자 오는 애는 아무도 없어. 꼭두새벽부터 엄마들이랑 같이 왔기에 난 조금 외롭다고 생각했어."

"그래? 엄마도 같이 갔으면 좋았겠어?"

뜨끔했다. 나는 새벽에 아이를 내려놓고 돌아와서 다시 쿨쿨 잤다. 나도 와달라고 하면 엄청 피곤할 텐데 어쩌지 싶었다.

"하하하, 아니. 내 이야기를 끝까지 들어봐. 우리 엄마도 왔으면 좋겠다고 생각한 건 거의 몇 초뿐이야. 따라온 엄마들이랑 애들이랑 처음부터 투닥투닥 잔소리하며 싸우더라고. 준비운동 해라, 이걸 먹어라, 저걸 먹지 마라, 준비물 이거 저거 챙겼니, 어디 있니…. 차라리 나 혼자 다 하는 게 훨씬 좋군, 했다니까."

"엄마는 같이 가도 그런 잔소리 안 할 텐데."

"맞아. 그러니까 안 와도 되지. 난 어차피 준비물이든, 시간 맞추는 거든, 절차 같은 거든, 뭐든 다 나 혼자 하니까 엄마는 할 일도 없을 거야. 그런데 다른 엄마들은 자기 아이들 챙기느라 너무 바빠서 엄마랑 놀지도 못할 거고. 그리고 다른 엄마들끼리 수다 떠는 시간이 와도 엄마는 별로 할 말도 없을 거야. 다른 엄마들이랑 생각하고 행동하고 사는 방식이 너무 다르니까. 그러니까 엄마는 안 와도 돼. 물론 끝나는 시간쯤에 맞춰 슬쩍 와서 나를 멀리서 구경하고 싶으면 그렇게 하고."

휴, 다행이다. 주말 이틀 계속되는 대회 동안 나는 아이만 내려주고 하루 종일 잠자고, 놀고, 잘 지냈다.

대회 이틀째는 성인 대회인데, 이날 아이는 자원봉사 진행요원으로 종일 일했다. 조정이 공공 호수를 사용하는 스포츠라 등록할 때부터 의무적으로 채워야 하는 봉사활동 시간에 대해 서약한다. 그런데 대부분은 부모들이 이를 대신 해준다. 물론 나는 안 하고, 아이가 직접 한다. 이틀째 돌아와서 아이는 이런 이야기도 들려준다.

"나처럼 아이가 와서 직접 봉사하는 경우는 없어. 근데 어른들이랑 일하니까 너무 재미있어. 하루 종일 칭찬 들었거든. 아이가 일을 너무 잘한다, 어른스럽고 성숙하다, 자원봉사 해줘서 고맙다…. 어른들이랑 일하는 것도 그렇지만, 얘기 나누는 게 너무 재미있었어. 자식들 걱정을 많이 하더라고. 스마트폰을 너무 많이 봐서 의사소통을 못하는 것 같다면서. 한국 문화에 관한 얘기도 많이 하고."

그러면서 만난 어른들이 들려준 개인적인 가정사들을 내게도 들려줬다. 아이가 들려줘서 아무것도 아닌 이야기가 더 재미있었다.

조정 같은 과외활동, 학교 행사, 시험, 진로 상담이나 결정 등에 관해 나는 아이한테 잔소리는 조금도 하지 않는다. 잔소리를 하려면 필요한 준비물이나 준비 절차, 마감 기한 같은 걸 알고 있어야 하는데, 나는 아는 것이 아무것도 없으니 잔소리를 하고 싶어도 못한다. 아이가 스스로 아는 만큼만 하겠지, 생각한다. 그러다 보니 아이랑 싸울 일이 전혀 없다.

아이가 3학년 때 학교에서 공짜 강습 쿠폰을 나눠줘서 처음으로 수영 강습을 받았다. 그전까지는 수영을 가르치지 않았다. 샤워하고 젖은 소지품들을 챙기는 일을 아이 스스로 할 때까지 기다린 것이다. 나는 후덥지근한 샤워실에는 들어가지 않고, 쾌적한 탈의실에서 책을 읽으며 아이를 기다렸다. 초등학교 2학년 여름에 한국에 가서 수영 강습을 알아보다가 선생님이 아이를 씻겨서 보내준다는 사실을 알았다. 이를 말해줬더니 아이가 먼저 분노했었다.

"말도 안 돼. 도대체 선생님이 왜 그런 일을 해야 하지? 게다가 나는 선생님이 내 몸을 씻겨주고 내 물건을 챙겨주는 거 생각만 해도 싫어. 내가 얼마나 바보 같은 느낌이 들겠어?"

나도 신나게 맞장구를 쳤다.

"맞아, 맞아. 네가 수영복 빨아서 꼭 짜는 거랑 머리 말리는 것만 잘하면 수영을 배울 수 있어. 그때까지 기다리자."

아이를 이렇게 만들려면 처음에 남들이 안 하는 고생을 약간만 미리 하면 된다. 수영 강습 초반에 아이가 수건을 안 챙긴 적이 있었다. 물에 젖은 강아지처럼 몸을 털어서 물을 최대한 많이 없애고 화장실 휴지로 대강 닦고 보니 휴지가 머리에 덕지덕지 붙어서 오기도 했다. 같이 많이 웃었다.

이유식을 먹을 때는 먹는 양의 두 배를 만들었다. 그러니까 절반은 천장, 바닥, 옷 등 모든 것에 떡칠을 한다. 반년 죽도록 고생하고 나면 스스로 알아서 먹는다. 아이와 온 가족이 동시에 음식을 즐길 수 있다. 아이를 먼저 먹이고 나중에 먹는 일은 없다.

만 3세면 여행 가방을 스스로 챙긴다. 물론 여기도 미리 치러야 하는 고생이 있다. 챙겨야 하는 걸 안 챙긴 걸 나는 뻔히 알고도 참는다. 한번은 수영복을 챙기면서 물안경은 안 챙겼다. 여행지에 가서 물안경 없이 놀며 아이가 실망할 때 열심히 위로해주고 같이 놀아줘야 한다. 양말 개수를 제대로 계산 못할 때는 스스로 빨게 하거나 더러운 걸 다시 신도록 한다. 아이가 당황하고 화를 내거나 울 때 위로해주면서 다음에 어떻게 준비 리스트를 작성할지 같이 연구한다. 이것 역시 미리 고생이다. 내가 척척 챙겨주고 싶은 마음을 참는 게 평범한 사람으로서는 거의 도 닦는 심정이 된다. 요새는 더 나아가 아이들이 내 짐도 싸준다. 몇 번 해보니 짐 싸는 것이 재미있어졌다면서 말이다. 덤으로 나는 정말 편하다.

학교 준비물도 마찬가지다. 초반에 실수들이 발생할 때, 함께 얘기를 나누고 개선 방향을 찾는다. 이것도 정말 힘들다. 나야말로 성질은 급하면서도 실수가 별로 없는 성격이라서 더욱 그렇다. 이걸 참고 있으려면 때로는 미친 사람 같은 웃음이 날 때도 있었다.

하지만 보장하는데, 생각보다 아이들은 많은 실수를 저지르지 않고 스스로의 완벽을 찾는다. 예를 들면, 큰아이는 태어나서부터 성격이 꼼꼼 좁쌀영감이라 별의별 걸 다 스스로 잘 챙긴다. 반면 둘째는 뭐든 잘 잊어버리고 덤벙대는데, 그런 스스로를 잘 알게 되어서 아예 처음 챙길 때부터 잊어버리면 절대 안 되는 것들은 가져가지 않는다. 그리고 현장에서 불편한 것은 적당히 창의력으로 때우거나, 덜렁대는 성격 탓에 불편해도 금방 잊고 낄낄대면서 아무렇지 않게 넘어갈 수 있다는 것을 배웠다.

자아를 사랑한다는 것은 내가 잘났다거나 내가 소중하다며 자기주장을 하는 것과는 별로 상관없다. 그것은 남들을 이기거나 남들의 평가 기준에 의존해야 하는 거라 그다지 믿음직스럽지 못한 것 같다. 그건 내 마음대로 안 되는 거니까. 내 자신을 사랑하는 것은 내가 필요한 것들, 내가 좋아하는 것들을 내가 내 기준으로 정확하게 알고 있는 것에서부터 시작된다. 스스로 완성된 사람이라는 자신감은 이렇게 사소한 일상에서 시작한다.

그리고 아이들을 이렇게 훈련시키는 이유는 또 있다. 엄마 노릇을 즐겁게 하고 싶기 때문이다. 잔소리를 안 하게 되면 진짜 재미난 대화가 시작된다. 아이가 경험한 것들을 아이의 관점에서 알게 되고, 아이의 독특성을 함께 탐구하는 것이다. 애가 무얼 잘 챙겼는지를 고민하는 대신, 아이의 진짜 이야기를 곱씹어 보는 게 즐겁다. 그리고 나 역시 아이를 도와주는 대신 내 시간이 많이 생기고, 심지어 아이들이 자발적으로 내 일까지 나서서 도와주는 것은 그야말로 꿀맛 덤이다.

그나저나 대회니까 그래도 성적이라는 게 있지 않을까? 하루가 지나니 갑자기 그런 생각이 나서 물어봤다.

"근데 너 몇 등 했어?"

"안 물어봐도 알잖아, 휴."

"꼴등 한 거야? 작년에는 뒤에 한 명 더 있었잖아, 하하하."

"그러게 말이야."

"너보다 못하는 애가 올해 안 나왔나 보다. 걔가 정말 소중했는데. 네 바로 앞 등수 아이를 위해서라도 넌 계속 대회에 나가야겠다."

"그치? 하하하."

아이는
부모의 단단함을 테스트한다

'어쩌라고?' 하는 생각까지 들게 하는
아이의 변덕과 짜증에 대체 어떻게 대응해야 할까요?

아기가 무엇을 느끼고 생각하는지는 직접 물어볼 수가 없다. 따라서 아기의 행동을 보고 심리 상태와 발달에 대한 이론이 나온다. 설사 물어볼 수 있다 해도 그다지 많은 해답이 나오지 않을 것이다. 성인의 심리와 행동과는 완전히 다르기 때문이다. 성인은 어떤 마음의 상태가 먼저 있고 그것이 행동으로 드러나는데, 아기는 반대다. '행동이 마음을 만들어낸다.' 마음은 아기의 안에 미리 존재하는 것이 아니라, 주변 사람들과 환경에 대한 반응 행동을 하면서 그 마음이 들어갈 틀이 생겨난다.

　마음이 없는 인간? 상상하기 힘들 정도로 이상한 상태가 아닌가? 그 이상함이 바로 인간의 아기를 극단의 불안 덩어리로 만든다. 배고픔의 욕구가 생겼을 때 울어서 먹고 싶다는 '마음'을 표현하는 것이 아니다. 불편함의 정체를 정확하게 모르고, 그러니 무엇을 요구해야 할지도 몰라서 더 괴로울 것이다. 갓난아기만 그런 게 아니다. 아이가 말을 시작한다고 해서 이 상태가 즉각 해결되지는 않는다.

아이는 스스로도 자기 마음을 모른다. 더 정확하게 말하면 알고 말고 할 마음이 없다. 그 마음을 만들어가는 과정이 바로 외부와 관계 맺음이다. 이 관계 맺음의 출발은 단연코 양육자, 주로 엄마다. 불안 덩어리 아기는 엄마를 테스트한다. 엄마는 내 자신이기도 하고, 내 자신이 아니기도 한 가장 큰 불안의 대상인 동시에, 이 불안을 해소해줄 열쇠를 쥐고 있다. 이 불안한 동일시와 독립의 끊임없는 테스트 과정이 엄마와 아이가 맺는 관계의 질을 결정한다. 쉽게 말해, 아이들이 말도 안 되는 떼를 쓰고 도발을 할 때, 그것은 속된 말로 아이가 간 보기를 하는 경우일 수 있다. 엄마의 반응, 엄마의 한계를 테스트하는 것처럼.

우리 둘째를 예로 들어보자. 예민함, 불안함의 정도는 아이들마다 천성적으로 차이가 있는데, 우리 둘째는 기질적으로 불안함의 강도가 높은 아이다. 어린이집 다니는 것을 너무 싫어했다. 사실 이것도 정확한 표현이 아니다. 기관에 가는 것이 좋은지 싫은지 알 수 없어서 불안했던 것이다.

"학교 가기 싫으면 안 가도 돼."

"싫어. 학교 안 가면 맛있는 간식도 못 먹잖아."

"그럼 가면 되잖아."

"싫어. 학교 가면 이상한 애도 있어."

"어떻게 하고 싶어?"

막무가내로 화를 내고 짜증을 낸다. 어느 날은 학교 갈 시간이 한참 남았는데, 갑자기 준비를 끝내더니 "지금 학교 가고 싶어."란다.

"지금 학교 가면 아무도 안 왔을 텐데."

"그래도 가면 되잖아."

"그럼 10분만 더 있다 가자."

10분 후 내가 아이에게 말했다.

"자, 이제 가자."

"지금 가면 너무 일찍 가는 거 아니야? 나 혼자만 일찍 가는 거 싫어."

"일찍 가고 싶다고 했잖아."

"싫어, 제일 먼저 와 있는 애 되는 거 싫어."

먹는 것, 입는 것, 친구를 만나는 것, 노는 것, 언제 어디서 아이의 억지가 터질지 모른다. 나도 "도대체 어쩌라고?"라는 심정이 된다.

하지만 아이의 불안에 대한 이론을 떠올리면 금세 마음이 편안해진다. 아이의 진짜 마음을 찾아주려고, 해답을 찾아주려고 다그치지 않는다. 너의 불안 자체가 괜찮다는 것을 알려줄 뿐이다. 그리고 아이가 자신의 불안을 엄마인 내 안에서 발견하지 못하도록 한다. 자신의 불안이 이 세상 전부가 아니라는 것, 불안은 아주 작고 일시적인 것뿐이라는 것, 너의 불안의 끝에는 흔들리지 않는 엄마가 있다는 것을 알려준다. 이때 아이에게 해결 방법을 거듭 제시하거나, 장단점을 일러주거나 하는 행위는 아이의 불안을 부채질할 뿐이다.

"네가 하고 싶은 게 생각날 때까지 엄마가 기다릴게. 너도 화내고 싶은 대로 내면서 기다리면 네 마음이 찾아올 거야."

물론 이때에도 대답은 "아니야, 싫어."다.

거기에는 답하지 않는다. 대신 평화로운 얼굴 표정을 보여준다. 그게 다다.

아이는 불안의 끝이 세상의 낭떠러지가 아니라, 불안의 경계에 바위같이 단단하고 안정적인 엄마의 세계가 꼭 붙어 있다는 것을 알아가기 시작한다. 이게 이 아이의 마음의 틀로 만들어지면 된다. 아이가 억지를 부리고 떼를 쓸 때, 좀 더 착한 엄마라면 이런저런 설명을 해주면서 그걸 해결해주려고 노력할 것이다. 혹은 관심을 돌리기 위해, 다른 것을 사준다고 회유하거나 '나중에'를 약속하고 싶은 유혹도 든다. 아이가 괴로워하기도 하고, 기상천외한 구실을 대서 엄마의 화를 돋우니까. 엄마의 화를 돋우는 것 자체가 아이의 테스트다. 엄마가 얼마나 안정적인지, 얼마나 불안한지를 아이는 알아야만 한다. 특히 천성이 불안도가 높은 우리 둘째 같은 아이는 더욱.

그래서 나는 아무것도 해결해주지 않는다. 화가 나도 달래주지 않는다. 상황이 어쩔 수 없다면 젖은 옷은 그대로 입고 있어야 하고, 학교에 가고 싶은지 아닌지도 스스로 결정해야 한다. 둘째는 감정 기복이 심한 천성답게 하루에도 수시로 잘 우는데, 우리 식구 모두들 속 편하게 울도록 기다려주고 배려해준다.

덤벙대는 둘째의 숙제나 준비물은 천성이 꼼꼼한 큰애가 참다못해 챙기곤 한다. 타고나길 마음의 불안이 거의 없이 태어난 첫째는 엄마, 아빠, 주변의 도움을 쉽게 받는다. 둘째는 자기가 좋아하는 것도 다짜고짜 싫다고 화부터 내고 불만이 많다. 하지만 이것을 불만이 아닌, 불안으로 이해받으면서 아이가 자신의 불안을 받아들이는 시간을 홀로 견디게 된다. 그리고 나면 첫째보다 더 기가 막힌 해결 방법을 스스로 찾아낸다. 아이의 불안을 뒤집으면 뛰어난 창의성의 가능성이었음을 알게 된다.

엄마 없는 동안에도 아이는 자란다

PART 1.
나답게 자라는 아이: 시작도 끝도, 바라봐주기

아이와 떨어져서 내 시간을 갖고 싶을 때가 있지만
아직 어린 것 같아 떼어두기가 불안해요.
아이와 엄마가 떨어져 지내도 괜찮은 시기는 언제일지,
언제까지 기다려야만 하는 걸까요?

큰아이가 중학교 2학년 여름방학을 한국에서 보내고 싶어 했다. 연기 학원과 K팝 댄스 학원을 다니고 싶다는 것이다. 나는 한국의 친정 부모님 집에서 장기간 머물기가 불편했다. 그래서 아이에게 엄마 없이 할머니, 할아버지와 지내면서 학원 선생님들이랑 일정 조정도 책임져야 하고, 밥도 직접 해먹어야 하고, 할머니, 할아버지에게 도움을 요청하는 것도 직접 해야 한다고 알려줬다. 가장 큰 문제는 할머니의 끝없는 잔소리 대잔치도 견뎌야 하는데, 너무 힘들면 친가로 전화해서 탈출할 수 있다고 말해줬다. 아이는 예상되는 어려움을 알려줄수록 더 혼자 지내고 싶어 하는 눈치였다.

아이의 묘한 도전 욕구가 발동한 것을 확인하자, 나는 마음이 편안해져서 아이만 한국에 두고 미국으로 돌아와버렸다. 도전하는 인간은 죽이 되든, 밥이 되든 해피엔딩이라고 믿기 때문이다.

외가에서는 24시간 TV, 와이파이, 집 앞 편의점, 가공 식품, 넉넉한 용돈 등이 널려 있다. 그 모든 것을 아이가 황홀해하며 즐기는 것도 귀엽다. 생각해보니, 우리 집에 이런 편의들이 없는 것은 내 인생일 뿐 그로 인한 교육적인 목적은 부차적인 것이다. 난 미리 정해둔 원칙이나 강제하고 싶은 교훈 같은 건 없다. 즐겁고 편하게 애 키우는 것이 먼저다. 아이랑 전화 통화는 한 번도 안 하고, 이메일만 주고받았다. 나도 아이도 신나게 잘 지냈다. 가끔 아이 메일을 읽다가 참을 수 없이 크게 웃게 된다.

할아버지, 할머니랑 셋이서 식사하는 장면을 묘사한 것이 그 일례다. 할아버지랑 아이는 할머니의 상상 초월 잔소리 폭격에 할 말을 잊고 멍하게 밥만 먹는데, 할머니가 계속 잔소리를 하시다가 갑자기 '왜 아무도 대답을 안 하느냐?'고 화를 내서서 정신을 퍼뜩 차리고 잘못을 뉘우치고 죄송하다는 표정을 지으면서 더욱 침묵을 지켰다는 것이다. 아이가 신난 건 '엄마보다 내가 더 잘하고 있어.'라는 자랑거리 때문이다. 나는 한평생 내 엄마의 잔소리에 시달리면 참지 못하고 화내고 싸웠다. 아이는 '엄마가 이해되지만, 아무래도 내가 엄마보다 더 잘 적응하는 거 같다.'면서 굉장히 뿌듯해한다.

야채 위주의 밥은 혼자서 잘 해먹고 있고, 하루 종일 TV 시청에 몰두하고 있으며, 수학책도 한 권 던져주고 왔는데 그건 한 문제도 안 풀었다고 했다. 친구를 한 명 사귄 것 같다며 자랑도 한다. 그러면서 자기는 심리학이 적성에 맞는 것 같다고 말한다. 엄마 없이도 혼자서 해내는 일들에 대해 자부심이 대단하다.

그러면서도 어느 날은 하루에도 대여섯 통의 이메일을 연달아 보내며 끝에는 엄마가 제발 빨리 이메일 확인하기를 기도한다면서, '제발 답장을 써달라. 미치겠다.' 그렇게 마무리했다. 내용은 자기가 인터넷을 너무 많이 하고 있고, 점점 더 많이 하게 될 것 같아서 미치겠다는 것이다. 어른이 되면 책임지고 행동하는 게 어려울 것 같은데, 정말 자신이 없다면서. 이야기하고 싶은데 말할 사람도 없고, 할머니와 할아버지는 자길 아기 취급만 해서 아무 말 없이 침묵을 지키고 있다는 것이다. 그러면서도 야채를 직접 요리해서 먹고 있다는 자랑은 빼먹지 않는다.

아이를 떠나오기 전에 딱 한 가지만 일러줬다.

"엄마가 너한테 유일하게 권하고 싶은 건, 이렇게 처음 경험해보는 하루하루 너의 행동과 마음에 대해 기록하라는 것뿐이야. 내가 뭘 하는 어떻게 하든 그건 온전히 네 마음대로 하겠지만, 그걸 지켜보고 의식적으로 기록하는 연습을 해봐. 물론 쓰면 좋지만, 꼭 그렇지 않아도 돼. 엄마한테 알려주지 않아도 괜찮고. 그냥 평소에 엄마가 너를 지켜보는 걸 네 자신이 직접 해보는 거야."

나도 딸의 나이에 몰래 TV를 보기 위해 유치하고 비굴한 짓을 많이 했다. 자취를 시작하고는 눈이 빨개지도록 종일 TV 보고, 인터넷 채팅하고, 불량 식품만 꾸역꾸역 주워먹고, 못하게 하는 연애질하고, 공부나 야채는 독극물처럼 취급했다. 물론 부모님한테는 다 비밀이었다. 그러니까 우리 부모님은 안심하고 잘 지내셨던 것이다. 그래도 특별한 문제는 없었다.

그런데 요새 부모는 대답까지 해줘야 한다. 요즘에는 중2병도 많지만, 그만큼 부모와 시시콜콜 수다 떠는 아이들도 많다. 아이의 수다가 귀엽기도 하지만 가끔은 부담스럽다. 그냥 모르고 넘어가도 되었던 부모 노릇도 괜찮아 보인다. "그렇게 살아도 적당히 잘 살아가게 될 거야." 이렇게 대답해줄까? 그런 생각을 잠시 하다가 시험 답안지 쓰듯이 이메일을 쓰기 시작했다.

"너는 진짜 인생을 사는 거야. 사는 건 원래 그래. 교육 프로그램처럼 점수나 판정이 당장 나는 게 아니란다. 다만 네가 너의 행동에 실망하고, 그것을 외면하지 않고 진심으로 실망하고, 그런데 나아지기는커녕 다음엔 더 못하고 더 실망하는 그런 과정들을 계속 경험하기를 바란다.

네가 스스로의 행동을 개선하겠다고 노력하는 것은 좋은 것이고 죽을 때까지 해야 하는 거지만, 그게 전부라고 생각하지는 마. 엄마가 대학원 다닐 때 어린 너를 키우면서 공부를 했잖아. 엄마처럼 애 키우면서 공부하는 대학원생들은 데드라인을 정말 잘 지켜. 부양가족이 없는 젊은 학생들보다 학위도 상당히 빨리 마치고. 말이 안 되는 미스터리지. 사람은 자기 혼자의 힘을 발휘해서 살아가지만은 않는 거야. 우리 가족이 함께 살면서 동생이 공부하려는 널 괴롭히고, 가족이 함께 시시껄렁한 농담을 하면서 시간을 보내고… 그런 것들이 방해가 되기도 하지만 동시에 자극과 동기가 되기도 해. 우리 가족이 함께 있다는 것만으로 너는 너의 행동을 쉽게 조절할 수 있었던 거야.

그렇다고 우리가 개인의 고유한 특성을 무시하는 건 아니잖아. 너를 그렇게 혼자 한국에 남겨두고 올 수 있던 것도, 우리는 너만의 독립심, 너만의 독특한 세계를 믿고 있기 때문이야. 네가 글 쓰고, 공부하고, 인터넷도 안 하는 완벽한 아이일 거라는 믿음이 아니란다. 구체적으로는 넌 벌써 혼자서 밥도 해먹고, 시간 관리도 할 수 있고, 어른들에게 너의 요구를 정중하게 부탁할 줄도 알잖아.

인간은 혼자일 때조차도 결코 혼자가 아니야. 죽을 때까지 타인을 필요로 하는 존재거든. 그걸 극복하려고 하지 마. 그걸 극복하겠다고 나선 것이 소비주의고, 손 안에 있는 스마트폰이라고 할 수 있어. 타인과의 관계 맺음을 너만의 개성의 일부로 만들어가는 것, 그것이 자유란다. 남이랑 상관없이 내가 내 돈으로 마음대로 물건을 사고, 인터넷에서 마음대로 행동할 수 있는 것이 자유가 아니고."

엄마인 내가 옆에서 직접적인 도움을 주지 못해도 나는 아이에 대해서 걱정하지 않는다. 아이가 모든 것을 완벽하게 잘하기 때문이 아니라, 아이가 실수하는 순간에도 아이는 주변 사람들과 환경에 적응하면서 자신을 발견하는 기회를 찾을 것이라고 믿기 때문이다.

배움, 나만의 스토리를 쌓아간다

PART 1.
나답게 자라는 아이: 시작도 끝도, 바라봐주기

교육에 대해 '극장 효과'라는 말이 있습니다.
앞에 있는 관객들이 서 있으니, 어쩔 수 없이 그들처럼
서서 봐야 결국 영화를 볼 수 있다는 의미로요.
아이가 놀 때 놀고, 때가 되면 알아서 자기 공부를 해주면
좋겠지만, 선행학습과 조기교육이 당연시되는 환경 속에서
내 아이의 교육, 어디까지 주변을 좇아야 할까요?

내 불량 육아의 최강 단계는 역시 아무것도 안 가르치기, 미래에 대한 준비 안 시키기일 것이다. 학교 공부와 성적, 대학 진학에 대한 관심도 걱정도 없는 건 기본이고, 운동이나 악기 하나조차 억지로 가르치지 않는다.

 큰아이는 발레와 조정을 너무나 좋아하면서 애걸복걸하는 것이 귀여워서 가장 싸구려 학원비를 주고 태워다준다. 아주 큰 선심이다. 그런 큰아이가 가끔 흥분해서 분노하는 것은 학원 다니는 것에 대해 다른 아이들이 싫은 표정으로 불평을 하는 것이다. 엄마 때문에 억지로 하는 아이들이 많단다. 우리 집 아이들은 진지하게 최선을 다하고 즐거워해야 하고, 시간표과 준비물을 직접 챙기고, 그리고 무엇보다 도움을 주는 부모에게 마음 깊

은 감사를 표현하지 않으면 당장 학원을 그만둬야 한다는 것을 안다. 한 번도 시킨 적도 기대한 적도 없지만, 매달 학원비를 건네줄 때마다 태워다줄 때마다 "이거 하게 해줘서 정말 고마워."라고 말한다.

똑같은 이유로 둘째는 태어나서 사교육은 아무것도 안 받았다. 언니가 샤워시켜주는 조건으로 언니한테 갖은 애교와 뇌물을 바치며 수영을 몇 달 다녔는데, 언니가 수영에서 조정으로 갈아타면서 이것도 끝났다. 심지어 어린이집, 유치원도 몇 달 다니다 집어치우고 집에서 놀았다. 아침에 갈 때마다 징징대기에 말이다. 학교는 좋아해서 엄청 열심히 다닌다. 나머지 시간은 집에서 팽팽 논다. 언니가 춤추는 걸 보고 옆에서 따라 하다가 구박받고 몰래 숨어서 춤추고, 내 뜨개질 바늘과 실을 빌려다가 책을 찾아가면서 터득해 인형 가방 만드는 데에 일 년쯤 걸렸다. 종이 접기도 한다. 그것도 책보고 배우는 데에 삼 년쯤 걸렸다.

아주 옛날 얘기인데, 처음에 "우리 집 아이들은 대학에 보내지 말자."라는 말을 꺼냈을 때 남편이랑 정말 크게 싸웠다. 지금은 남편도 전적으로 동의하고 있다. 나는 왜 그러는 걸까? 자식의 미래에 대한 불안이 없을까?

아니다. 물론 불안이 있다. 오히려 불안해서 미칠 것 같다. 그래서 안 시킨다. 성장하는 아이의 미래는 경쟁을 준비할수록 불안이 높아진다고 믿는다. 아주 단순한 진리인데, 냉전시대 군비 경쟁 같은 것과 비슷하다.

내가 미리 준비할 수 있는 것은 남들도 나만큼, 혹은 나보다 더 잘 준비할 수 있다. 이것은 너무나 명백하지만 사람들이 잘 잊고 있는 진리다. 내가 아무리 잘난 것 같아도 이 세상에 잘난 사람은 놀라울 정도로 많다. 그게 바로 경쟁이다. 더 좋은 학원, 더 좋은 교육 장비, 더 좋은 학군, 더 좋은 학교, 더 높은 학위…. 시작하면 끝이 없다. 불안 때문에 죽을 것 같을 게 뻔하다. 특히 나는 경쟁에 뛰어들기만 하면 이기기 위해 목숨이라도 걸 인간이라는 것을 젊어서 깨닫고 서른 중반부터는 완전 흐물흐물 죽 같은 인간이 되어버렸다.

그나마 그 정도라도 경쟁에 쫓아가지 않으면 폭망하는 거 아니냐고? 솔직히 이 질문에 대한 답을 할 수 있는 사람은 아무도 없다. 이미 말했지만 나도 불안하다. 그럼에도 내가 아이들을 교육 경쟁에서 완전하고 깔끔하게 끄집어낸 이유를 두 가지만 얘기하겠다. 이런 이유를 궁리하는 것도 나 자신의 불안을 잠재우기 위해서다.

첫 번째는 이미 이야기했던 경쟁의 속성 때문이다. 남들을 이기려고 미리 준비하는 것은 잠깐은 효과가 있을지 모르지만, 나보다 더 앞선 걸 해내는 인간이 금방 나온다는 약점이 있다. 물론 여기서 제2, 제3, 제4의 선점을 할 수 있다는 자신감을 가질 수도 있겠다. 그래도 결국엔 최후의 승자 1인이 되어야 한다. 아이구, 난 못하겠다.

두 번째는 첫 번째 이유에서 나온다. 인간은 상대의 행동을 예상하는 능력이 있다는 것이다. '내가 이렇게 하면 다른 사람은 저렇게 하겠지? 거기에 대비하기 위해서는 이렇게 해야지! 하지만 다른 사람도 내가 이것을 예상한다는 것을 예상하겠지? 그럼 이러지 말고, 이렇게….' 이러니 끝이 없다.

일반적인 교육의 문제는 예상, 계획, 준비 같은 미래를 현재 시간의 관점에서 바라본다는 것이다. 미래를 예상하는 준비가 아니라, 현재의 상황, 내 앞에 있는 사람, 현재의 나를 파악하고 거기에 종합적으로 반응하는 게 사실 가장 승산이 높다. 이미 준비한 것에 얽매일 필요도 없고, 다른 누구와 경쟁할 필요도 없다. 상황과 개인적 특이성은 인구 수만큼 다르니까. 미래 예측을 기반으로 경쟁을 준비하는 것은 현재에 대한 투명한 통찰과 관찰력, 거기에 따르는 재빠른 유연성을 해치기만 할 뿐이다.

노력하지 않으려고 노력해야만 즉흥의 자연스러움에 도달할 수 있다. 힘을 빼면서 집중하기, 그렇게 관찰하기. 말하자면 아이를 위해 뭐라도 하면 안 될 것 같은 불안을 견뎌내는 것이다. 아이들도 관찰하면서 기다리는 엄마의 태도를 배운다. 불안은 당장 어떤 행동을 해야 하는 이유가 아니라, 수용하고 더 인내해야겠다는 신호인 것이다.

학원 하나 안 보내고, 돈 안 드는 시골 학교를 보내고, 중고 옷 가게에서 헌옷을 사 입히고, 책과 장난감, 전자 기기를 안 사주는 것에 대해 비난 혹은 연민에 가득해 말하는 사람들도 많다.

"아이를 쓸데없이 고생시키는 것은 교육적 효과가 없다. 멀쩡한 애한테 기회를 안 주는 거다."

나는 이런 말에 대해 아무 대꾸도 하지 않고 그냥 웃으면서 넘긴다. 그들이 생각하는 교육적 효과라는 것이 내가 생각하는 교육과 일치할 수 없다는 것을 알기 때문에.

그들은 깔끔하게 예정된 어떤 교훈과 지식을 익혀서, 남들과의 경쟁에서 앞설 수 있는 것을 교육적 효과라고 생각한다. 이런 교육 '상품'들은 돈으로 처음과 끝이 포장되어 있다. 학원에 가서 미리 정해진 지식을 배운다. 교육 프로그램에 참여해서 비용이 많이 드는 체험을 한다. 파리의 개선문을 보고 루브르 박물관을 구경한다. 박물관 큐레이션이나 서양 역사에 대해서 배울 수도 있을 것이다. 토플, SAT, GRE 등의 시험에서 높은 점수를 받기 위해 학원에 다니고 좋은 시설의 도서관에 다닌다. 이런 '상품'들이 모두 나쁘다는 이야기가 절대로 아니다. 어떤 '상품'은 어떤 시점에서 결정적 에너지와 엔진이 될 수 있다. 남과의 경쟁에서 이기는 것이 인생에서 필요할 때도 분명히 있다.

하지만 내가 생각하는 교육의 '기회'란 자신의 이야기를 아이 스스로 찾아내는 것이어야 한다. 이야기가 뭔가? 갈등과 고난이 없는 이야기가 있던가? 남들 다 있는 게임기나 스마트폰이 없을 때, 아이는 자신만의 어떤 것을 만들기 시작한다. 처음에는 어떤 아이들이 어떻게 하면 쉽게 빌려주는지를 연구한다. 이런 시도가 실패하는 날 아이는 집에 돌아와 슬퍼한다. 이때는 당장 나가서 최신식 가장 비싼 기기를 사줘버리고 싶다. 하지만 아이 스스로의 이야기가 완성되기 전에 끼어들지 않기 위해 참는다. 빌리기에 실패를 거듭하다 보면 아이는 스쿨버스 안에서 혼자서 어떤 공상들을 연결시킬지 궁리하고, 두꺼운 박스를 잘라서 가짜로 컴퓨터 화면을 만들면서 마우스 움직이는 놀이도 개발하고, 고학년이 되면 아이들마다 스마트폰을 어떻게 사용하는지를 관찰해서 기록하기도 한다.

이 하나하나가 아이만의 이야기가 된다. 남들과 비슷한 게임기와 스마트폰을 가졌을 때보다 강력하고 지속적이다. 처음에는 지켜보기가 힘들었다. 아이가 가엾고 혼자만 가지지 못해서 상처를 받을까 걱정스럽기도 했다. 하지만 인간은 이야기의 동물이다. 이야기를 만들어서 자신의 세계를 창조해낸다. 전자기기 없는 세계가 말이 되도록, 그 세계를 이야기하는 주인이 된다.

아이가 바늘 뜨개질로 인형을 만들고 싶어 했다. 학원이 있긴 하지만 학원 강습을 시키진 않았다. 아이가 바늘 한 개를 구하고, 실을 구하고, 기본 뜨개질 방식을 배우는 데에 일 년이나 걸렸다. 중간에 포기하고 잊고 지내는 시간도 있었고, 도서관에서 책을 보면서 연구하기도 하고, 집에서 인터넷이 되지 않으니 도서관에서 본 유튜브 동영상을 저장해서 집에 가져오는 법을 연구하는 데에도 시간이 많이 걸렸다. 학원에서 배웠으면 일주일도 안 걸렸을 것이다. 하지만 아이는 포기와 자기 나름의 방식으로 시도하기를 반복하면서 더 많은 이야기와 자신감을 얻었다.

아이가 어느 날 뜨개질을 직업으로 삼고 싶어 하게 된다면 나는 교육비, 투자비를 지원할 것이다. 직업은 경쟁이고 남을 분명히 이겨야 한다. 하지만 일주일 만에 아이에게 뜨개질을 가르치는 것은 내가 생각하는 교육의 목표에서는 아무런 의미가 없이 돈만 쓰는 것이 된다. 심지어 스스로 해보기도 전에 돈으로 간단하게 해결할 수 있다는 생각을 할 거라는 부정적 영향까지 걱정스러웠다.

　아이가 직업으로서, 경쟁으로서 승부를 보고 싶은 것을 발견하기까지 나는 아이가 돈으로 무엇을 배우기 전에 스스로 그 배움이 얼마나 절실한지를 테스트할 시간을 넉넉하게 줄 것이다. 돈 대신에.

한 걸음 더
▲

질문　아이가 흥미를 보였을 때 환경을 만들어주지 않으면 흥미가 사그라져 다시는 이 분야에 빠져들 기회가 오지 않을지도 모른다는 불안은 없으셨어요? 어린 시절에 아이의 관심 영역을 늘려주어야 할 것 같은 부모로서의 의무감 같은 것은요?

답　교육에 관한 내용은 늘 조심스러워요. 특정 부모님과 아이를 직접 아는 것이 아니라서, 아주 일반적으로 얘기하자면, 환경을 만들려는 의지, 의욕 자체가 아이의 진정한 흥미가 아닐까요? 그 정도 흥미가 없으면 없는 대로 유유자적하고 지내는 여유도 능력이라고 생각해요. 저희 집 둘째가 그렇거든요.
둘째는 흥미가 있다가도 끈기가 없어서 하다가 말아요. 저를 닮아서 그런 것 같아요. 대신에 제가 뒤뜰에 나가서 땅을 파거나 식물을 채취하고 있으면 나와서 먹어보는 용기가 있더군요.

아무리 쓰다고 해도 기어코 먹어보는 거죠. 예체능이나 학교, 학원 공부는 하루 반짝 하다가는 안 해요. 그렇지만 저는 전혀 걱정하지 않아요. 아이의 흥미나 분야라는 것을 앞으로의 돈벌이나 직업의 가능성에 국한해서 생각하지만 않으면 재미난 것들이 많거든요. 뭔가를 해야 하겠다는 의무감은 아이가 느끼겠죠. 자기 인생이잖아요. '내 인생은 내 거다. 엄마 믿으면 아무 것도 안 된다.' 그걸 확실히 알게 하려면 더욱 내버려둬야 한다고 생각해요.

다시 강조하고 싶은 것은, 이렇게 방치하든 학원 뺑뺑이를 돌리든 어떤 게 더 좋은 거라고 말씀드리는 게 아니라, 온 가족이 편안하고 즐겁게 소통할 수 있는 방법이면 뭐든지 좋다는 거예요. 아이도 엄마도 승부욕에 불타서 좋은 한 팀이 되는 가족도 어딘가 있지 않을까요?

PART 2.
세상과 연결되는 길 :

불완전해서
―――――――
나다울 수 있는 자유

서로 무관심한 세상,
나는 네게 관심이 있다

PART 2.
세상과 연결되는 길: 불완전해서 나다울 수 있는 자유

내 아이를 객관적으로 바라본다는 것이 가능할까요?
어떤 때는 내 아이가 모든 면에서 최고인 것 같고,
어떤 때는 내 아이만 못나 보여서 한없이 걱정스럽기도 해요.

마크 맨슨이 쓴『신경 끄기의 기술』이 미국과 한국에서 화제가 된 것은 남들이 나를 뭐라고 보든 신경 쓰지 않겠다는 시대적·집단적 다짐의 표현이다. 그 다짐의 가장 중요한 근거는, 나는 타인으로부터 받은 상처와 편견 때문에 힘들어하는데, 알고 보니 남들도 자신이 받은 상처 때문에 힘들어할 뿐 정작 진짜 나에게는 관심이 없다는 것이다. 막상 상처를 초래한 이들은 그들 자신의 상처나 고립, 사회적 억압과 그들이 외면하고 싶은 이미지에 골몰하고 있을 뿐이다. 그리고 그들의 공격 행위조차도 사실은 그들 자신의 문제를 감추기 위한 것이었을 뿐 '나'를 뚜렷하게 보고 공격을 한 것이 아닌 경우가 다수다. 따라서 사실 내가 무슨 짓을 해도 아무도 그 본질은 잘 모른다. 물의를 일으키거나 엄청난 업적을 이뤘다 해도 그 관심의 지속 시간은 거의 찰나에 가깝다.

그런데 이게 끝이라면 사는 게 너무나 암울하고 심심하지 않은가? 더 냉정하게 말하자면, 인간으로 살아야 할 이유가 없다는 결론에까지 도달하게 된다. 왜냐하면 인간이라는 종은 타인과 연결됨으로써만 생존하도록 진화한 생물이기 때문이다. 아무와도 연결되지 않는 것보다, 악플에 시달리더라도 자기 존재를 타인을 통해 확인하는 것이 더 중요한 게 바로 인간이라는 종이 가진 특성이다. 그러니까 '악플이 싫으면 인터넷 안 보면 되지.'라는 조언보다는 '악플보다 더 무서운 건 무플'이라는 말이 인간의 진실에 훨씬 가깝다고 할 수 있다.

이쯤 되면 인간으로 태어난 것 자체가 저주처럼 느껴진다. '아무도 신경 쓰지 않고 내 맘대로 살고 싶기도 한데, 그렇다고 혼자인 건 견딜 수 없다. 기쁨도 슬픔도 누군가와 나눠야 진짜가 된다. 함께이고 싶은데 혼자이고 싶다.' 이런 양립할 수 없는 두 가지 욕구를 언제고 동시에 느끼는 것이 피할 수 없는 숙명이기 때문이다. 바로 이런 이유 때문에 수천 년 전부터 인간에 대해 고민해본 철학자들은 다들 인간으로서 행복해지는 것은 가당치도 않은 꿈이라고 입을 모았던 것이다.

인간으로 태어났으니 어떻게든 타인과 함께 살아야 한다. 이는 우리의 선택 사항이 아니다. 타인과 관계 맺는 가장 좋은 방법은 바로 내 자신의 '시선'을 주는 것이다. 관찰 혹은 관심이라고 해도 좋다. 내가 아이들에게 주는 사랑도 딱 이것뿐이다. 사랑하는 친구, 남편에게도 마찬가지다. 내가 돈이나 소유물, 노동 혹은 지식 그 어떤 좋은 걸 준다 해도 이 세상에서는 다른 것으로 쉽게 대체 가능하다. 하지만 유일한 존재인 나의 시선과 관심만큼은 측정이나 비교가 가능한 어떤 대체물도 없다. '그게 뭐가 대단한가?', '누구나 저절로 하는 게 아닌가?' 그렇게 반문할지도 모르겠다. 특히 사랑이라는 것이 엄청난 자기 희생과 동일시되는 상황에서는 더욱 그렇다.

내가 말하는 '관찰'에서 중요한 것은 바라보는 '나 자신'의 위치다. 사회과학이든 자연과학이든 관찰자는 '객관적'으로 관찰 대상을 측정한다. 그런데 이 객관이라는 것 자체가 그 위치의 시선만이 유일한 진리라는 전제를 깔고 있다. 하지만 나의 관찰은 '나'의 위치를 버리고 관찰 대상 속으로 들어가는 것이다. 관찰 대상의 역사, 환경, 감정, 관계… 그 모든 것을 그들의 위치에서 바라보는 것이다. 그렇게 그 한 사람만의 독특한 우주를 입체적으로 재구성한다. 이 그림이 수천만 명을 대상으로 한 설문통계 조사보다 더 보편적인 인간의 진리를 보여주곤 한다.

이 과정에서 아주 기묘한 일이 벌어진다. 나는 부모와 자녀 관계를 연구하기 위해 만난 부모들에게 이런저런 조언을 하지 않는다. 한 가족의 일상을 장시간 함께하면서 때때로 질문을 던지고 바라보는 것만 한다. 그런데 부모와 아이들 모두 관찰 횟수가 더해가면서 자신들의 변화를 이야기한다. 잔소리가 줄었다거나, 아이가 엄마 말을 더 잘 듣는다거나.

무엇을 '본다'는 건 그런 것이다. 내 자신의 위치를 버리고 상대방 속에 녹아들어 그의 시선에 잠시 포개지는 것 말이다. 내 자신의 위치를 버린다는 것은 상대를 바꾸거나 평가하겠다는 그 어떤 의도도 내려놓는 것이다. 내가 잘 길러야 할 의무가 있는 자식의 미래를 위한다는 생각조차도.

아주 많은 사람들이 내가 가진 좀 이상한 삶의 방식들을 어떻게 남편과 아이들에게 설득할 수 있었는지 묻는다. 나는 그냥 웃곤 하지만, 진짜 대답은 '나는 그들을 설득할 의도가 전혀 없었다.'가 될 것이다. 내가 가진 온 힘을 다해 정말 마지막 남은 힘까지 짜내서 내 자신을 버리고, 이 세 사람 각각의 존재를 투명하게 바라봤을 뿐이다.

다시 연구 과정의 일부를 소개해보겠다. 나도 사람인지라 관찰 대상인 부모들에게 늘 호감만 가지지는 못한다. 워낙 가까이에서 보기 때문에 부모들이 내 개인적 선호로 따지자면, 솔직히 별로 가까이 하지 않고 싶은 타입인 경우도 있다. 하지만 그들과의 인터뷰, 그들의 일상을 녹음한 테이프를 듣고 또 듣는다. 그들을 판단하는 나의 생각이 온전히 사라질 때까지. 그들의 타당성, 그들의 세계에 온전히 젖어들 때까지. 그렇게 수십 시간 같은 테이프를 듣다가 어느 순간 눈물이 흐를 때가 있다. 주로 사방이 고요한 새벽 시간, 그를 좋아하지 않던 내 자신의 우주와 그들이 그럴 수밖에 없는 우주가 만나는 순간…. 이는 그를 이해했다는 자신감이나 가벼운 연민이 아니라, 내 자신을 버리는 일, 즉 내가 의식하지도 못하고 당연한 진리라 믿었던 내 가치관을 버리는 슬픔이고 불안함일 것이다. 그런 불안과 슬픔이야말로 진정 내 삶을 찬란하게 만든다는 것도 함께 깨달았다.

그 찬란함을 가장 풍부하게 해주는 사람이 바로 자식이다. 자식을 잘 키운다는 것, 남에게 칭찬받고 공부 잘하는 아이로 큰다는 것은 물론 안심되는 일이지만, 내 존재를 뒤흔드는 기쁨이 되지는 못한다. 내 자신을 잃을 정도로 넋을 잃고 아이를 보는 것, 그 바라보는 행위가 아이의 중심을 흔들어 아이의 우주에 지진이 나는 것을 보는 것, 그것이 바로 내가 부모로서 추구하는 기쁨이다. 아이를 변화시켜서가 아니라, 내 자신을 잃는 불안 자체만으로 충분하다.

그런데 자식만 이런 식으로 사랑할 수 있는 건 아니다. 아이가 거의 매일 학교의 사소한 일상을 들려준다. 그럴 때 아이에게 이런 사랑의 방식을 알려주거나 들려주곤 한다. 처음에는 너를 괴롭히거나 못살게 구는 아이도 사실 너한테는 관심이 없다는 이야기부터 시작한다. 아이들은 이 이야기를 좋아한다. 하지만 아이들이 더 좋아하고 신기해하는 것은 그다음이다.

"실은 니도 너 사신만 생각하고 있잖아. 너 자신을 잃어버리고, 그 아이들에 대해 궁금해하는 거야. 그렇게 질문을 던지는 거지. 그 애를 좋아하거나, 그 애에게 잘해줄 필요는 없어. 그냥 그 아이에 대해 알고 싶다는 생각을 하는 거야."

이렇게 말하면 처음에는 "나 그 애한테 관심 없어. 알고 싶지도 않아."라고 삐죽거린다.

"그것 봐. 너도 그 애한테 관심 없잖아. 그럼 너랑 잘 노는 친구한테는 관심 있어?"

"응."

"그 애한텐 궁금한 게 뭔데?"

"글쎄, 딱히 없어."

"그럼 관심 없는 거 아냐? 너에게 중요한 건 그 애가 너를 좋아한다는 거니까, 그건 사실 너 자신에게만 관심 있는 거야. 그건 남들이 너를 좋아하는지 아닌지에 휘둘리는 거고. 누가 널 좋아하든 말든 다른 사람들에 대해 궁금해하는 거, 너 자신에 대한 생각을 하지 않는 거… 그게 바로 이기는 방법이야. 그 친구에게 질문을 해봐. 궁금하지 않아, 도대체 왜 그러는지? 사람들은 다들 자기 이야기만 하고 싶어 하고 남들을 괴롭힐 때조차도 사실은 자기 생각밖에 안 하기 때문에, 막상 누군가 자신에 대해 물어주면 그걸 좋아하게 돼 있어. 제대로 된 대답을 안 해도 마찬가지야. 그 사람이 하는 이야기를 잘 들어봐. 상대의 이야기를 들어준다는 건 사랑인데… 사랑하는 사람이 결국 세상을 지배하게 돼 있거든."

그리고 나서 함께 아이와 온갖 질문들을 궁리한다. 한국 식 식단이 들어 있는 도시락을 놀리는 애한테는 어떤 질문을 해야 그 애의 이야기를 들을 수 있을까? 스마트폰도 없이 책만 읽는다고 놀리는 애한테는? 자신의 삶이 힘들다는 하소연만 해서 짜증 나는 아이한테는? 또 K팝에 반감을 드러내는 아이한테는? 어떤 질문들을 해야 그들의 이야기를 들을 수 있을까?

초등학생과 고등학생인 두 아이들이 궁리해내는 질문은 주로 포복절도할 만큼 웃기다. 하지만 아이들이 학교에서 이 질문들을 실제로 시도해보고 돌아와서는 스스로 놀란다. 진짜 관심과 진짜 질문을 받은 사람은 변한다는 걸 직접 경험하기 때문이다. 한국 식 도시락을 놀리던 아이들이 어느 날부터 아이의 도시락을 궁금해하거나 때론 기다리기도 하고, 한국어 발음을 따라 하면서 배우고 싶어 하기도 한다. 아이가 한국 음식과 한국말을 소개하려고 한 것이 아니라, 그 아이들이 가진 관심사를 질문했을 뿐인데 말이다.

아이들과 이런 논의를 많이 하던 몇 년 전에 도움 교재로 애덤 그랜트의 『기브 앤 테이크』를 큰아이와 함께 읽고 긴 토론을 했다. 사람들에게 베푸는 것이란 나를 희생하고 내 시간, 돈을 기부하는 것만이 다가 아니라는 이야기를 나눴다. 특히 요즘처럼 물질적 풍요가 극에 달한 시대에 상대와 나 자신을 함께 변화시키는 것은 나 자신의 투명한 관심과 시선을 주는 일이라는 점도. 세상에 대한 복수이건, 사랑이건, 설득이건… 그건 역설적이게도 나 자신을 잃는 과정이어야 한다. 그렇게 하고 나서야 세상 속에서 자신을 발견할 수 있고, 그런 발견이야말로 지나가는 기쁨이 아닌, 근본적으로 살아 있음의 기쁨이 된다.

며칠 전에 큰아이가 불쑥 물었다.

"엄마, 내가 스물셋에 결혼한다고 하면 어떨 거 같아?"

나도 곧바로 대답했다.

"우와, 잘됐다 하면서 기뻐하겠지."

"역시 엄마는 이상해. 다들 결혼 너무 빨리 하면 위험하다고 말릴 거라는데."

"듣고 보니 정말 그렇네! 그래도 네가 결혼한다고 하는 건, 네가 좋아서 그런 걸 테니까 일단 기쁘지 않을까? 네가 그렇게 좋은 이유가 있을 거 아니야. 그게 얼마나 궁금하겠어."

"아우, 엄마는 정말 그럴 사람이야. 그러니까 난 스물셋에 절대 결혼을 안 할 거라고. 헤헤, 하지만 엄마는 너무 좋아."

치우는 것도
즐거운 놀이

PART 2.
세상과 연결되는 길: 불완전해서 나다울 수 있는 자유

아이를 쫓아다니면서 저지레 뒤처리를 하다 보면
나도 모르게 화가 나요. 아이라면 당연히 그럴 수 있는 일인데,
몸이 피곤하다 보니… 좀 더 건강하고
좋은 대처 방법이 없을까요?

부엌 의자에 앉아서 팔짱 끼고 먼 산을 보며 이런저런 생각에 빠져 있었다. 부엌으로 들어오던 큰애가 갑자기 큰 소리로 웃는다.

"왜 웃니?"

"하하하, 엄마! 이걸 동영상으로 찍으면 완전히 신데렐라와 못된 새엄마다."

이유인즉슨, 내가 의자에 앉아 발이나 흔들면서 태평스러운 표정을 짓고 있을 때 초등 2학년생 둘째는 무릎을 꿇고 부엌 바닥에 자기가 쏟은 물을 훔쳐내고 있던 것이다. 둘째가 점심 먹은 그릇이랑 물컵을 한꺼번에 싱크대로 가져가다가 물을 쏟은 것. 아이는 키친타월로 물을 훔쳐내고 새 타월 대신 젖은 타월을 싱크대에 짜내고 다시 바닥의 물을 훔치고 하는 걸 반복하고 있었다. 나도 이를 건성으로 알고는 있었지만, 딴생각 삼매경에 빠져 있었을 뿐이다.

나는 큰애와 둘째 모두 대략 만 3세가 됐을 때부터 자기가 흘리고 더럽힌 것을 스스로 치우게 시켜왔다. 그래서 아이가 뭘 쏟고 더럽히는 걸 전혀 개의치 않는다. 아이들도 그다지 심각하게 여기지 않는다.

키친타월 한 장만 쓰기, 쏟아진 액체의 양에 따라 다른 도구와 대처 방법, 과일이나 음식물처럼 끈적이거나 내용물 있는 것을 치우는 법, 떨어진 음식 중 다시 씻어 먹을 수 있는 종류와 버려야 하는 것의 구분, 그리고 바닥에 흘린 후 다른 사람들에게 먼저 장소를 알리고 표시해서 2차 피해를 막는 것 등…, 이렇게 각각 다른 종류의 뒤처리 상황에서 아이가 적절히 치우도록 나는 그동안 끈기 있게 가르쳐왔다.

오늘도 큰애가 깔깔대고 웃는 동안 둘째는 바쁘게 왔다 갔다 하고 나시는 "다 닦았다!" 하더니 "미끄러운지 봐야지."라며 발로 한번 비벼보고서 말한다. "안 미끄럽다. 이제 진짜 끝!"

물론 오늘처럼 멍때리는 나를 조금도 방해하지 않고 완벽하게 뒤처리를 끝낼 수준에 이른 건 초등학교 들어갈 나이 정도는 되어서였다. 그러니까 거의 3년 넘게 걸리는 셈이다. 하지만 어쨌든 나는 손에 물을 묻히지 않는다. 아이들만 다른 집에 보내면 간혹 집주인들이(조부모님이나 친구 엄마들 등) 엄청 감동한다. 거기에서도 아이들이 뭘 흘리면 스스로 바로 자동적으로 알아서 치운다. '아니, 집에서 애를 어떻게 부려먹기에….'라는 조금은 의심스러워하는 시선도 있다.

아이가 더럽힌 걸 치워주는 엄마가 되려면 다음의 셋 중 한 요건을 만족해야 한다.

첫째, 체력이 좋아야 한다. 아이들이 자주 쏟고 어지럽히는 나이는 덩달아 집안일의 강도가 최고조에 달하는 시기다. 그걸 감당할 체력이란, 치우기만 하는 게 아니라 치우고도 더 에너지가 남아서 전혀 아이에게 화를 내지 않아야 한다는 뜻이다. 혹은 도인과 같은 인내심이 있어야 한다. 그런데 이 정도 도인이라면 존경받는 종교인에 도전해도 좋을 것 같다. 둘째, 집 안이 난장판이 되어도 참을 수 있는 무신경이어야 한다. 우유가 쏟아져도 하루이틀 안 치우고 견딜 정도면 된다(이런 친구가 있다. 아이들한테 화도 안 내고, 성격이 정말 좋다. 집에서 안 치운 기저귀 똥 냄새가 나지만 아무도 병에 걸리지 않고 잘 산다). 셋째, 입주 가사도우미를 고용할 만큼 돈이 많아야 한다.

깊이 생각해볼 것도 없이 나는 이 세 유형의 엄마 가운데 어느 것도 해당되지 않는다. 저질 체력인데, 더러운 건 못 참고, 가사도우미 비용은 당연히 없다. 중요한 것은 나는 아이에게 화를 내지 않는 엄마이고 싶은데, 화를 참을 능력도 없다. 어떤 화든 참으면 결국 터진다는 게 내 경험이다. 아이에게 저절로 화가 안 나는 엄마가 되는 수밖에 없다.

그래서 놀이 하나를 제안해볼까 한다. 놀고먹는 게 일이다 못해 허구한 날 놀아달라고 졸라대는 아이에게 뭔가를 시키는 놀이다. 실제로 만 3세 아이에겐 이것이 매우 즐거운 놀이다. 명심할 점! 처음부터 끝까지 엄마는 손도 까딱하면 안 된다! 엄마는 경기장 밖에서 입으로 응원과 지시만 할 수 있지, 경기장엔 절대 입장 불가다. 엄마가 경기장 안으로 한 발이라도 내미는 순간, 놀이는 끝이다. 가령, 휴지를 가져다주면서 닦으라고 하면 안 된다. 휴지도 아이가 직접 가져와야 한다.

이렇게 상상하면 된다. 아이는 검은 안대로 눈을 가리고 있고, 엄마의 지시로만 아이를 움직여서 과제를 완수하는 게임 말이다. 이게 이 놀이의 기본 규칙이다. 이 규칙 때문에 놀이가 재미있는 것이다. 아이의 놀이를 위해 일부러 밀가루나 쌀을 흐트러뜨려놓고 놀게 하는 경우도 봤는데, 따로 그럴 시간과 여유가 생기는 게 나로서는 신기하다. 오히려 아이가 집 안에서 실수하는 것들을 스스로 바로잡도록 하는 것이 훨씬 고도의 복잡한 계획과 즉흥적인 창의성, 놀이 규칙에 대한 이해력이 탄탄하게 요구된다. 그래서 아이가 더 오랜 시간 집중하게 되니 따로 어떻게 놀아줄지 궁리하지 않아도 되고, 게다가 집안일이 절로 줄어들기 때문에, 따져보면 이 놀이의 효과는 일석삼조쯤이다.

게임의 꿀팁을 하나 더 공유한다! 처음에 아이에게 목표를 알려주는 것이다.

"쏟았구나. 놀라지 않았어? 네가 이걸 엄마처럼 깨끗이 치우는 거야. 엄마가 가르쳐줄 테니까 천천히 하면 돼."

물론 유리가 깨졌거나 화상이 예상되는 등 위험한 경우라면 이는 엄마의 몫이 될 테지만, 내 경험상 아이들의 용기는 거의 스테인리스나 플라스틱 재질이고 음식은 처음부터 뜨겁지 않은 상태로 제공되기 때문에, 이런 경우는 한 번도 없었다.

또 아이의 능력 수준을 파악하자. 가령 키친타월이 아이 손이 닿지 않는 곳에 있다면 집 안을 둘러본다. 올라갈 만한 스테퍼나 의자를 가져다 꺼내게 할 것인지, 걸레나 화장실 휴지를 가지고 오게 할 것인지, 아니면 입고 있던 옷도 젖었으면 그 옷으로 닦게 하고 옷을 빨아도 되는지 등을 고려한다. 그렇다. 이는 엄마에게도 놀이가 될 수 있다. 아바타 게임 말이다. 엄마도 아이의 능력치와 주변 상황 등에 대해서 곰곰이 생각해야 한다.

이때 대부분의 아이들은 우물쭈물하면서 "어떻게 하는 줄 몰라."라는 반응을 보일 것이다. 그러면 "어휴, 답답해. 차라리 내가 하고 말지." 이런 심정이 되지만, 다시 한 번 아바타 게임을 한다고 생각해보라. 일사천리로 다 되는 게임이 무슨 재미가 있겠는가? 지시를 더 쉽게 하기 위해 목표를 더 잘게 나눈다. 그냥 "치워!"가 아니라 "건더기부터 집는 게 좋으니까 그릇을 가져와 봐. 그런 후 액체만 남으면 쉽게 치울 수 있겠지?" 중간에 아이에게 묻는다. "어떻게 할까? 어떻게 치우면 좋을까? 떨어진 음식은 다시 먹어도 될까?" 그리고 지시하면서 그 이유도 설명해주면 좋다. 가령, 기름기 있는 음식을 흘리면 비누를 써야 한다는 것과 같이 말이다.

앞서 말했지만, 먹다 흘리는 경우는 정말 복잡하고 다양한 대응이 필요하다. 아이는 횟수가 거듭될수록 계획적이고 창의적으로 생각한다. 덩달아 자신감도 높아진다. 다 끝나고 "우와! 엄마가 손도 까딱 안 했는데 엄마처럼 깨끗하게 치웠네." 하면서 함께 기뻐해줄 때, 만 3세 아이의 표정을 절대 잊지 못할 것이다.

이미 고백했지만, 처음부터 교육적인 부분을 생각해서 이렇게 아이에게 시킨 건 아니었다. 전적으로 내가 힘들어서였다. 그리고 아이와 함께 느끼는 성취감도 좋았다. 아이와의 협동과 대화가 거창한 이벤트나 특별한 여행, 교육 프로그램, 전문 상담을 통해 이뤄지는 것보다 이렇게 우리 일상 구석구석에서 함께 이루는 것에서 더 생생한 보람이 느껴졌다. 아이와 나는 어느 정도 청결해야 하는지, 가사 노동의 강도는 어떤지, 아이를 얼마만큼 믿는지, 절약은 어느 정도 해야 하는지(걸레 대신 키친타월을 쓰지만 여러 번 재활용하는 것, 너트류 같이 다시 먹을 수 있는 음식은 세척해서 먹는 것 등), 집 안 물건은 어떻게 정리·수납되어야 하는지에 대해 함께 고민하는 계기가 된다. 이 구체적인 과정이 아이와 내가 서로를 더 잘 이해하는 진짜 대화라고 생각한다.

그러니까 빨리 치우는 게 목적이 아니다. 30분이건 1시간이건, 데리고 나가 놀아주는 것보다 훨씬 짧은 시간이다. 하지만 아이와 나누는 대화의 길이를 생각하면 꽤 긴 시간이다. 중간중간 '왜 쏟았어? 무슨 다른 생각을 하고 있었던 거야?'와 같이 사건을 되짚어가면서 이야기를 나눌 수도 있다. 서너 살 아이와 커피를 마시며 수다 떨 수는 없지 않은가.

그런데 이때 아이는 그 어떤 체험이나 놀이보다 더 많이 생각하고 진지해지고 성취감을 느낀다. 왜 그럴까? 이유를 따져보기 전에 미리 경고할 것이 있다. 해보면 '그냥 내가 치우고 말지.' 싶은 심정이 될 때가 있다. 아이가 서툴러서 답답하기보다는, 따지고 보면 말로 지시하는 것이 어려워서다. 가장 간단하게는 단어조차 잘 생각이 안 난다.

"저거 뭐야, 그거 있잖아. 좀 가져와."

"뭐?"

"아이 참, 그 뭐야. 맞다, 걸레…."

절차를 단계별로 잘게 쪼개서 말로 설명하는 것은 사실 엄마에게도 머리 터지는 일이다.

"걸레를 그렇게 넓게 펼쳐서 닦으면 옆으로 다 번져서 많이 안 닦이잖아. 걸레를 접어서 닦아봐."

"접어? 어떻게?"

"걸레를 바닥에 깔고 두 모서리를 동시에 잡고 들어서 맞은편 두 모서리랑 붙여 접어."

"모서리가 뭐야?"

"한 선이랑 다른 선이 만나는 꼭지점 있지? 그거 말이야."

여기서 아이의 언어 습득 과정을 생각해보자. 아이가 실제로 어떻게 언어를 배우는 걸까? 학습지? 학원? 하지만 인류는 학습지도, 학원이 없을 때에도 언어를 배워왔다. 바로 일상에서 다른 사람들이 하는 이야기를 듣고서. 이게 바로 가장 효과적인 언어 학습법인 것이다. 제아무리 좋은 학습지, 학원 프로그램도 제공할 수 없는 것이 언어와 두뇌가 사용되는 '맥락'이다. 언어는 맥락과 합쳐졌을 때 진짜 힘이 된다. 엄마가 대단하고 거창한 어휘력이나 논리를 갖출 필요는 없다. 머릿속으로는 명확했던 일들을 언어의 형태로 설명하는 건 또 하나의 과제이고, 아이는 그 과정을 배운다.

간혹 아이 중에 치우는 작업이 더럽다며 거부하는 경우도 있다. 이는 아마도 엄마의 태도를 보고 배웠을 가능성이 높다. 발달 심리학에서 '왜 아이들이 벌레나 뱀 같은 것을 보고 거부감을 느낄까?'에 대한 연구가 있었다. 대체적인 의견은 아기 때부터 주변 사람들의 반응을 보고 배운다는 것이다. 주변 어른들이 벌레를 싫어하는 반응을 보이면 자신도 그걸 싫어하는 감정을 학습한다.

그러니 엄마부터 뭔가 엎고 쏟아지는 것에 태연해야 한다. 더럽고 귀찮다며 얼굴을 찡그리면 아이도 치우는 일이 싫은 것이라고 학습한다. 아무리 주의해도 실수하면서 쏟는 일은 생긴다. 실수라고 할 수도 없다. 그냥 살아가는 일의 한 부분일 뿐이다. 내가 아이들에게 가르치고 싶던 가장 중요한 교훈은 바로 이것이다. 의도치 않게 쏟고 깨고 더럽히는 일은 나쁜 일도, 좋은 일도 아니고, 반드시 자연스레 발생하는 일이라는 것 말이다. 우리가 할 수 있는 건 그걸 치우고 정리하고 책임지면서 즐기는 법을 배우는 것이다. 아이를 시켜먹기 위한 진정한 첫 단추는 나부터 부엌에서 태우고 쏟고 깨고 손을 베었을 때, 짜증내지 않고 태연하게 대처하기.

자유란
무한의 선택지를 주는 것이 아니다

아이들에게 가능하면 넓은 선택의 폭을 제공해주고 싶어요.
자기가 하고 싶은 것을 마음껏 할 수 있도록 학원이든, 체험이든,
먹고 입는 것이든⋯. 그러다 보면 내가 힘들어지기도 해요.
그럼에도 아이가 자기가 좋아하는 것을 더 잘 찾을 수
있기 위해서 참으려고 해요.

몇 년 전부터 유명 방송인들의 육아 관찰 예능이 TV에서 인기를 끌었다. 남, 특히 유명인들의 사생활을 엿보는 건 짜릿하고 자극적이고 재미있다. 하지만 재미만큼 치러야 하는 대가도 있다. 갑자기 내 삶이 구질구질하게 느껴진다는 것이다. 물론 아무리 자랑할 만큼 화려한 일상이라도 자기 집 구석구석, 어린 자식의 사생활까지 노출해야 하는 게 부담스럽긴 하겠단 생각도 잠깐 들긴 하지만. 그래도 어쩐지 허탈한 기분이 완전히 사라지지 않는다. 놀이 동산이건 해외 여행이건 값비싼 개인 교습이건, 돈 생각 없이 아이를 키울 수 있는 이들에게 사실 내가 들려줄 만한 이야기는 별로 없다. 돈은 좋은 것이고, 좋은 건 좋은 거겠지 할 뿐.

이런 현실에 대해 부자들을 질투할 수도 있고, 그들 같은 부

자가 되려고 애쓸 수도 있고, 잘사는 집 아이들의 실패 사례들을 떠올리며 위안 삼을 수도 있겠다. 하지만 나는 그 어느 것도 할 수가 없었다. 왜냐하면 내 아이들은 바로 이 순간 성장을 유예하지 않기 때문이다(그래서 나는 아이 키우는 데에 돈이 너무 많이 들어서 아이를 낳지 않겠다고 결정한 사람들의 선견지명에 감탄하곤 한다).

나는 같은 돈을 써서 최고 효과를 내는 것, 즉 '가성비 육아'를 궁리하는 대신, 돈을 덜 쓸수록 아이의 성장을 도울 수 있는 새로운 체계를 만들고 싶었다. 결과적으로 돈의 부담에서 해방되니, 아이 키우는 과정 자체의 즐거움이 더 커진다. 그렇게 되면 돈을 더 안 쓰게 되는 일이 꼬리를 물고 이어지며 선순환 작용을 한다.

돈을 안 써서 즐거워지려면 역시 인간의 마음이 작동하는 본성에 기대는 수밖에 없다. 그것은 바로 '제한된 선택'이 주는 만족감이다. 많은 심리 실험을 통해 과일 잼 수십 가지 중 하나를 고르는 사람보나 서너 가지 중 하나를 고르는 사람의 만족도가 높다는 것을 알게 됐다. 언제나 그렇듯 인간은 정말 이상한 존재인데, 굳이 따지자면 수십 가지 중 하나를 고른 사람은 나머지 수십 개를 포기해야 했고, 두서너 가지에서 고르면 고작 몇 개만 포기해야 했기 때문이려나?

육아, 성장, 교육에 있어서도 마찬가지다. 물건이든 학습의 기회든 아이에게 많은 선택을 주는 것이 반드시 좋은 성장으로 연결되진 않는다.

큰아이가 만 3세 무렵, 옷 때문에 매일이 전쟁이었다. 소매

끝에 물만 조금 묻어도 끊임없이 옷을 갈아입어야 했다. 하루에 열 번도 넘게. 당시 우리 아이에게 옷을 물려주던 집이 아이 백 명도 키울 수 있을 만큼 옷이 많아서, 그중 극히 일부만 받았는데도 받아온 옷이 상당했다. 빨래보다 더 힘들었던 건 아이의 짜증이었다. 방금 갈아입은 옷이 어쩐지 마음에 안 들거나, 갈아입고 났더니 다른 옷이 좋아 보이거나. 입을 옷을 고를 때에도 즐겁게 고르는 게 아니라, 이옷 저옷 싫은 점들만 지적하느라 기분이 좋지 않았다.

그러던 어느 날, 이런 식으로 우는 아이에게 소리를 지르고 옷을 침대에 던져버렸다. 아이에게 감정이 폭발해서 화를 낸 유일한 날이 됐다. 그러니 이날은 아주 중요한 날이다. 스스로 깊은 반성의 시간을 보내면서 깨달았다. 엄마인 나의 역할은 아이에게 기회를 되도록 많이 주는 것이 아니라, 기회를 선별해서 선택을 줄여주는 것임을.

한 계절에 고를 수 있는 옷을, 외출복 상하 각 다섯 개, 실내복 세 개로 줄이고, 나머지는 모두 중고 가게에 가져다줬다. 대략 5일 만에 돌아오는 빨래하는 날엔 빈 옷장이 되도록. 아이와 함께 모든 옷을 바닥에 꺼내놓고 하나하나 조금이라도 싫은 점이 있으면 말하라고 했다. 그렇게 아이는 좋고 싫음을 생각하는 이 과정을 좋아했다. 자기 옷을 버리는 것에 저항할 줄 알았는데 오히려 즐거워하기까지 했다. 그저 그런 옷 사이에 숨어 있던 절대적으로 좋아하는(끌어안고 뽀뽀할 정도로) 옷을 확인하는 과정이 된 것이다.

가질 수 있는 옷의 개수는 내가 정하고 선별은 완벽하게 아이의 취향에 맡겼더니 값나가는 옷들, 즉 고급 자수나 장식이 있거나 움직임에 조금이라도 방해되는 샤방하고 너풀대는 옷들은 버려지고, 단순한 구조의 고무줄 바지, 늘어진 단색 면티 혹은 괴상한 프린트의 옷가지만 남았다. 극한의 인내심을 발휘해서 아이의 결정에 따랐다. 내 눈에는 선명한 브랜드와 고급스러운 디자인이 아이에게는 전혀 보이지 않는다는 것도 알았다. 물론 아이도 힘들었다. 내가 제시한 개수보다 더 많은 수의 옷을 골랐는데, 그중에서 버리는 과정 말이다. 심각하게 고민했지만, 그 진지한 집중은 이전에 뒤죽박죽 무수한 선택 앞에서 떼쓰는 것과는 다른 성숙함인 듯 보였다.

이날 이후로 옷은 아이 자신에게도 우리 관계에도 아무런 문제가 되지 않았다. 겨우 많아야 다섯 개, 적으면 두 개의 선택지 앞에서 아이는 자신이 좋아하는 것을 선택하면서 즐거워했고, 싫어하는 것을 열거하면서 짜증내는 대신, 단색 면티라도 자신이 왜 이 옷을 좋아하는지를 날마다 발전시켜가며 만끽했다. 거대한 보따리 몇 개를 버린 지 단 하루 만의 변화였다.

이때부터 나는 장난감이건, 음식이건, 예체능 수업이건, 여행지건, 학원이건… 아이가 선택하기 전에 미리 선택지를 줄이는 연구를 하기 시작했다. 나이에 따라 결정해야 하는 것은 개수일 수도, 지불해야 하는 금액일 수도 있다. 어렸을 때는 딱 두 개 중 고르기, 나이가 들어가면서 아이의 발달 정도에 따라 개수를 늘리거나 범위로 한정한다.

예를 들면, "디저트 뭐 먹을래?"가 아니고 "오늘은 무조건 아이스크림이야. 대신 엄마가 정한 아이스크림 가게에 가서 맛을 고르는 건 네가 마음대로 해." 이런 식이다.

"난 아이스크림 말고 케이크 먹고 싶어."

"그럼 어쩔 수 없어. 아이스크림 안 먹는 것도 너의 선택이야. 하지만 케이크는 오늘 선택지에 없어."

이때 아이는 케이크에 대한 아쉬움 없이 온전히 아이스크림 맛을 선택하는 즐거움에 빠진다.

학원도 개수를 한정해줬다.

"엄마, 나 발레 하게 해줘서 고마워."

아이가 좁게 주어진 선택지 중 자기 취향과 선호를 더 깊이 연구하는 걸 보면서 '자유란 무엇인가'에 대해 다시 생각해봤다. 내가 진짜 부자라면 발레를 좋아하는 아이를 위해 발레리나 강수진 같은 분을 모셔와 직접 강습을 받게 할 수도 있을 것이다. 그러면 내 아이도 미래의 강수진이 될지 모르고. 그렇지 못해 아쉬운지 묻는다면, 솔직히 조금은 그렇다. 하지만 그것은 전적으로 내 마음의 문제다. 비싼 브랜드 옷들을 버려야 했던 속쓰림처럼 말이다. 하지만 너덜너덜한 옷들을 고르고 뽀뽀하는 아이가 스스로 느꼈던 자신감, 성취감, 선택의 기쁨처럼 아이는 시골 동네의 발레 학원에서도 빛나는 표정으로 춤춘다. 그러면서 춤을 출 때 정말 행복하다고 한다(실력, 재능은 시골 동네 학원에서도 중간 정도라서 강수진 선생님이 전혀 절실하지는 않다).

아이가 중고등학생 정도가 되면 가족의 경제적 상황에 대해 솔직하게 대화를 나눌 수 있다. 우리 가족은 하고 싶은 것을 다 할 수 있을 만큼 돈이 많지 않다는 것을 분명하게 안다. 그런데 그 점이 전혀 나쁜 일이 아니라는 것까지도 내가 말하지 않아도 안다. 삶의 즐거움은 지출하는 돈, 소유의 양에서 느끼는 것이 아니라, 자신의 분명한 선호에 따라 선택하는 과정에서 느끼기 때문이다.

자유는 '배우는 건 뭐든지 다 해줄게.', '먹고 싶은 거 뭐든 말해.'라고 할 때 줄 수 있는 게 아닌가 보다. 자유는 제한을 전제한다는 흔한 철학적 개념을 이렇게 아이를 키우며 알게 됐다.

자유를 행사하는 것은 누가 주는 것을 받는 것도 아니고, 다른 사람의 자유를 희생시켜야 하는 것도 아니다. 자유를 행사한다는 것은 선택의 자유를 스스로 설계하는 것이고, 이것은 배워야 한다. 이 세상 모든 것을 다 가진 부자들이 갖지 못하는 단 하나. 자유가 없는 상태!

한 걸음 더

질문   부족함 없이 소비하는 부자, 부자가 아닌데도 감당 안 되는 소비를 하는 이들, 그 사이에는 양쪽 모두에 속하지 않는 많은 평범한 부모들이 있어요. 감당 가능한 선에서 적절히 소비하는 부모들 말이에요. 사실 저는 아이들한테 이런저런 경험을 접해주고 싶어요. 어릴 때 피아노, 미술 등 하고픈

게 많은 아이들에게 이를 시켜주는 건 조기교육, 선행학습을 강요하는 것과는 다르다고 봐요. 이런 경험들을 위해서는 돈이 들어가기도, 안 들어가기도 하고요. 아이가 좋아하는 걸 찾아가는 경험은 그 자체로 즐겁고 의미 있는 일인데, 그것을 돈 쓰는 소비로 뭉뚱그려 표현하는 건 지나친 견해가 아닐까요?

답 아이들 교육비 때문에 힘들다고 하소연하시는 분들이 많아요. 실제로 아이가 싫다는데도 강제로 학원에 보내는 부모님은 많지 않아요. 대부분은 아이들이 열심히 배우고 좋아하니 지속적으로 보내는 거죠. 어느 정도가 감당할 수 있는 좋은 소비인가 하는 것에 대한 정답이란 없을 거예요. 만약 학교에서 왕따를 당해서 힘든 아이를 사립학교로 전학시켜 아이가 밝아졌지만, 그 때문에 빚을 질 수밖에 없는 부모님에게 누가 옳다, 그르다를 함부로 판단할 수 있겠어요.
여기서 다루는 부자와 그렇지 않은 사람의 이분법은 한 개인에게 정답을 제시하는 것이 아니라, 정치적이고 사회구조적 차원의 고민이라고 생각해주시면 좋겠어요. 그리고 분명한 사실은, 아이의 교육비든 명품 가방이든 돈을 쓰는 모든 일은 결국 소비 행위이고, 이는 모두 자본주의의 효율성과 돈으로 구분되는 사회 계급과 밀접하게 연관된 활동이에요. 아이가 즐겁다고 해서 거기에 지불되는 돈의 액수와 의미가 달라지지는 않습니다. 개인으로서의 의미는 그렇겠지만, 전체 사회구조적으로는 말이에요.
개인마다 재력의 차이가 크긴 하지만, 아이 교육비의 한계는 각자 예상한 것보다 더 금방 오는 것 같아요. 교육비의 특수성 때문인 듯해요. 학비가 비싼 사립학교를 보내면 학비에서 지출이 끝나는 것이 아니라, 그곳에서 만나는 친구들과 어울리는 데에 드는 활동비가 덩달아 올라가고, 악기나 스포츠를 배우면 그 학원비가 끝이 아니라 악기, 장비 그리고 역시 여기서 만난 친구들과의 사교비 등 끝이 없으니까요. 또 다른 특수성은 다른 소비는 부담스럽게 느껴질 때 멈출 수 있는데, 교육비는 그게 더 어려워요. 아이가 잘 배우고 있는 걸 당장 그만두라고 하거나 전학시키는 건 어렵잖아요. 이런 특수성 때문에 개인 차원에서는 아이 교육비 계획을 처음부터 더 신중하게 세워야 해요.

그리고 한 가지 더! 소비의 사회·경제적 측면에서 보자면 '아이가 경험하고 좋아한다.'는 것이 정말 아이의 시각인지, 아니면 이미 소비주의에 익숙한 부모의 시각인지, 의식적으로 판단해볼 필요가 있어요. 부자를 따라 하는 것을 꼬집는 것에 대해서도, 누군가를 맹목적으로 모방하는 것과 더불어, 더 많은 경우 돈을 가지고 해결하는 방식을 선호하는 심리에 대해 지적하는 거예요.

예를 들어, 아이와 놀이동산에 가면 당연히 아이가 많은 경험을 할 테고 아주 좋아하죠. 하지만 돈이 들어요. 나에게는 내 아이와 소중한 하루이기 때문에 기꺼이 돈을 쓸 수도 있겠죠. 하지만 사실 이는 손쉬운 포장 식품처럼 소비를 조장하는 자본의 의도가 포함된 것이기도 해요. 두세 살 아이는 아파트 계단의 금빛 줄무늬, 돌 모양, 나뭇잎 하나도 놀이동산만큼 즐거운 경험 대상이 될 수 있어요. 부모와 함께 즐기는 거라면요. 그런데 부모들에게 이것들이 따분한 일이란 걸 알기 때문에 아이도 관심을 기울이지 않는 거예요.

어린아이들이 왜 학원에 가서 악기를 배우고 싶어 할까요? 아마 다른 아이들이 있다는 것이 큰 이유일 거예요. 집에서 노래 부르고 냄비를 두드려도 그 경험과 재미를 함께해주는 다른 사람이 있으면 아이는 비슷한 만족을 느낄 수 있어요. 돈 써서 경험하거나 배우는 게 나쁘다고 얘기하는 것이 아니에요. 아이가 어느 정도 나이가 되고 진짜 재능이 있어서 전문적인 도움이 필요할 수도 있어요.

하지만 세상은 너무 편하게 저절로 돈을 쓰고 싶게 만들어져 있어서 우리가 소비의 모방 행위에 무의식적으로 동조하게 되어 있어요. 반면 돈을 쓰지 않고 느끼는 경험은 적극적으로, 의식적으로 생각하고 찾아내지 않으면 절대 우리의 관심 영역 안에 들어오지 못한다는 걸 기억해야 해요.

신나는 교육비 지출, 결과 대신 과정을 산다

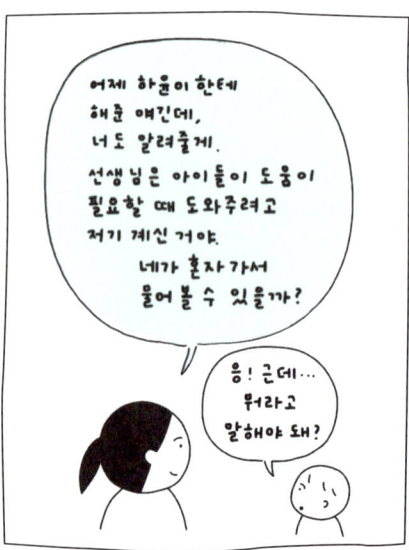

부모는
관객이다

PART 2.
세상과 연결되는 길: 불완전해서 나다울 수 있는 자유

아이가 배우는 데에는 돈을 아끼고 싶지 않아요.
배우는 것도 다 때가 있다고들 하잖아요.
그래서 다들 교육비가 부담스러워도
무리할 수밖에 없는 게 아닐까요?

미국에서 학교를 다니던 큰아이가 초등학교 6학년 때 한국에 와서 학교를 다니게 됐다. 나도 아이도 긴장했다. 한국의 학교 공부가 어려울 것 같아서 말이다. 며칠 다니고 나서 아이가 말했다.

"한국 학교는 계속 이렇게 쉬운 거야?"

"쉽다고? 선생님이 수업하시는 거 다 알아들었어?"

"그건 아니지만…, 그냥 앉아서 듣기만 하면 되잖아."

"그 내용이 어렵잖아."

"하지만 그래도 그게 끝인 거잖아. 너무 쉬운데."

얼마 후 시험에서 한국말을 해석한다고 끙끙대다가 50점을 받아왔다.

"그거 봐. 어렵지."

"그래도 쉬워. 앉아서 선생님 하는 말 듣고 있다가, 시험지에 나온 질문에 아는 만큼만 써내면 끝이잖아. 그리고 다른 건 아무것도 할 게 없어. 미국에서는 선생님이 설명해주는 건 거의 없고, 내가 할 게 많다고. 발표, 리포트, 기록하기…. 언제까지 누구랑 뭘 해야 하는지 신경써야 하고, 준비물도 미리 사놔야 하고. 전부 다 내가 다 정하고, 해야 하는 거라고."

"근데 지식의 양으로 따지면 한국 애들 하는 하루치 공부도 안 되는 거 아니야?"

"그건 그래."

"100점 받으려면 한국 공부가 더 어렵지 않을까?"

"그럴 수도 있지만 100점 받으면 그게 뭐? 50점이나 100점이나 시험지에 나온 질문에 써내는 건 똑같잖아."

"그 내용을 다 알게 되면 기분이 좋지 않을까?"

"알면 그걸로 뭐 하는 게 없잖아."

"그래서 넌 미국 학교가 더 좋아?"

"그걸 잘 모르겠어. 미국 학교가 사람을 귀찮게 하는 건 확실하거든. 한국 학교는 그냥 가서 얌전히 앉아 있기만 하면 되니까 편해. 헤헤, 편한 게 좋긴 하지만, 오히려 그게 이상하게 불편하니까 어려워. 중간쯤 하는 나라는 없나?"

미국 시골 동네에 마구간이 하나 있어서 큰아이가 승마를 배우러 간 적이 있다. 말 타는 시간 전후 30분은 말털 빗기기, 말발굽 청소, 안장 손질과 정리·보관, 마구간 주변 정리, 말 이동까지 직접 해야 한다. 반면 한국에서 마장에 갔을 때는 준비된 말에 올라타기만 하면 됐다.

어른인 나를 위해 돈을 쓸 때는 시간을 단축해주고, 더 편하고, 더 좋은 것을 목표로 한다. 그러나 성장하는 아이를 위해 돈을 쓸 때는 시간을 더 느리게, 더 불편하게, 여러 갈래 길을 돌아가도록 만들기 위해 돈을 쓴다.

자연을 연구하는 많은 사람들은 말한다. '자연은 절대로 낭비하지 않는다. 최고의 효율성을 가진다.'라고. 그런데 자연에 직선은 없다. 물도 쭉 내려가지 않고 구불구불 길을 낸다. 한번에 직선으로 흘러가야 가장 효율적일 텐데 말이다. 가장 빠르게 한 지점에서 다른 한 지점으로 이동하는 효율이 아니라, 자연의 효율성은 궁극적으로 가장 다양한 생명을 살리는 데에 그 목표가 있기 때문이다. 그래야 어느 한 구석에 문제가 생겨도 가장 빠르게 복구가 된다.

100점을 맞아서 누구나 선망하는 학벌, 직업, 수입을 가장 빠르게 얻는 효율성이 아니라, 승마 기술을 가장 빠르게 얻어서 금메달을 따는 게 아니라, 천천히 느리게 가면서 얻는 효율이 내가 지지하는 교육의 목표다. 말갈기를 천천히 땋으면서, 시시한 내용이지만 발표 내용의 제목을 궁리하면서, 자신만의 생각을 지어내면서, 그렇게 천천히.

그림 그리기를 좋아하는 둘째가 폼 나는 이젤, 스케치북, 캔버스를 사달라고 했다. 사실 갈등했다. 아이의 그림 재능을 빨리 개발시켜주고도 싶었다. 미술 도구도 사주고, 학원에도 보내고 싶었다. 하지만 둘째는 폼 잡는 걸 좋아하는 만큼 싫증도 쉽게 내고 승부욕도 함께 있다는 것을 안다. 집에서 운동하겠다고 러닝머신을 사놓고 나면 운동을 안 하는 심리처럼, 미술 도구를 갖춰주면 이 아이는 그림을 더 안 그릴 것 같았다.

"집에 있는 종이가 다 없어지도록 그려. 그릴 종이가 없어지면 그때 스케치북 사줄게."

집에 있는 이면지, 광고지, 쓰다 만 노트들을 찾아내 거길 그림으로 채워나갔다. 아이가 그리는 것 자체의 기쁨으로 허접한 종이라는 생각마저 잊게 됐을 때, 그런 순간을 한 번 경험할 때마다 색깔 물감을 낱개로 하나씩 추가로 사줬다. 몇 가지 안 되는 색깔로 그리려고 하니 고민이 깊다. 여전히 스케치북은 못 사고 있다. 좋은 미대를 가는 효율은 없을 테지만, 그리는 과정과 자신만의 방식에 몰입하는 경험을 사기로 한 것이다. 그랬더니 돈이 안 든다. 우리 집 가계부에서는 이렇듯 교육비 지출이 기타 잡비에 포함될 정도로 미미하다.

"진정한 가치가 있는 것은 공짜다."라는 이야기를 떠올려보자. 어느 여름, 무더웠던 하루를 마감하는 시간. 얼린 과일주스를 밥숟가락으로 긁어먹던 고등학생 큰아이가 부엌 정리를 하고 있던 나를 부른다.

"엄마, 일 다 끝난 것처럼 보이는데 이리 좀 앉아봐."

"왜?"

"그냥…. 얼음 주스도 너무 시원하고 맛있고, 기분도 좋고, 엄마가 내 앞에 앉아 있어주기만 하면 모든 게 완벽할 거 같아서."

아이의 완벽한 순간을 완성해주는 일, 아이를 마주보고 앉아 있는 일을 시작했다. 아이는 사각사각 먹으면서 조잘조잘 떠든다. 고등학생의 하루에 있을 법한 먼지 같이 사소한 일들, 학교 친구와 선생님의 이야기를 하면서 "짜증나. 정말 이해가 안 돼."라고 하는데도 표정은 배시시 웃고 있다. 나는 그냥 듣는다.

"그런데 엄마, 나 엄마 수법 다 알아. 엄마도 지금 속으로 이렇게 생각하고 있지? '네가 뭘 느끼는지 다 아는 얘기야. 몇 년 지나면 다르게 생각할 거고, 지금 네가 생각하는 건 지나가는 과정이야. 하지만 뭐가 옳고 그른지는 네가 직접 경험하고 알아낼 때까지 말 안 하고 기다려주마.' 이러고 있는 거지? 난 마음이 막 급해져. 지루하기도 하고. 엄마한테 물어보고 싶어. 더 살면 어떤지, 어떻게 생각이 바뀌는지, 어떤 경험을 하는지 궁금해 죽겠다고. 너무 시간이 안 가. 그렇지만 엄마가 그렇게 알면서도 나한테 아무 말도 안 하고 내 얘길 들어주는 게 좋은 것도 같아. 그냥 모든 게 너무 좋아. 내가 막 지껄이는 걸 엄마가 내려다보면서 즐기듯 들어주고 있다는 게. 내가 아무리 유치하고 멍청한 짓을 해도 엄마가 아무 말도 안 하고 웃으면서 들어줄 거라는 게. 하지만 조금은 알려줄 수도 있잖아, 헤헤헤."

난 더 활짝 웃어준다. 왜냐하면 아이가 정말 모르는구나 싶어서. 성인이 되면서 깨닫게 되는 게 아니라, 엄마인 나 역시 아는 것이 별로 많지 않다는 사실을 이 아이는 모르고 있다. 아이의 인생을 살아본 것도 아닌데, 내가 알긴 뭘 알겠는가. 직접 살아본 내 인생도 잘 모르는데 말이다. 그렇다고 "나도 너처럼 아는 거

하나도 없어."라고 말하면 안 믿을 것 같아서 그냥 웃는 것이다. 중학교 때부터 읊었던 시의 한 구절 '왜 사냐면, 그냥 웃지요.'라는 시구가 마흔이 훌쩍 넘으니 드디어 이해가 된다. 더 정확하게 말하면 이해하려고 했던 것을 포기했다는 게 맞겠다.

그렇다면 아이 말이 맞기도 하다. 사십 대 중반이 돼도 아무것도 모르는 것은 십대 때나 별 차이가 없다는 그 엄청난 비밀을 숨기고 있는 거니까. 아이보다 30년이나 더 살고 나서 알아낸 것이며 십대 아이는 말해줘도 안 믿을 테니, 정말 엄청난 비밀이 아닌가! 그래도 딸이니까 한마디해준다.

"엄마가 너처럼 고등학생일 때가 있었잖아. 매 단계마다 다음으로 빨리 넘어가고 싶어서 조급해지고 지루한 마음은 그때나 지금이나 똑같은 것 같아. 그러니까 인생은 대부분 지루하더란 말이지."

"그럴 거 같았어. 하지만 지금도 완벽하긴 해. 지금 이 순간 말이야. 엄마랑 이렇게 앉아서 얼린 주스를 갉아먹는 거."

싱그러운 공기, 아름다운 자연, 시원한 물, 나와 사랑을 나누는 누군가, 멍때리는 시간, 이런 것들은 공짜로 주어지는 것들이고 다이아몬드보다 더 귀중하다고 말하면 누군가는 그럴 것이다. '이게 뭐가 공짜야? 이런 것들도 다 돈이 있어야 시간과 여유가 나서 즐길 수 있는 것들이지.' 틀린 이야기는 아니다.

그럼에도 여전히 나는 이 무더운 여름 오후에 딸과 함께하는 '완벽한 순간'을 공짜로 얻었다고 주장하고 싶다. 물론 주스도 돈 주고 샀고, 집도 돈 주고 샀고, 아이와 노닥거리는 시간도 돈을 안 벌어도 괜찮은 시간이니 역시 돈 주고 산 것이다. 하지만 내가 진짜 지불한 것은 돈이 아니고, 이 순간을 느끼겠다는 나의 의식적인 선택과 관심이다. 이것들은 아무리 생각해봐도 공짜다.

아이가 태어난 날, 나는 이 공짜의 즐거움을 처음 알았다. 막 태어난 아이에게 엄마로서 애틋한 사랑을 느낀 것은 아니다. 광고에 등장하는 신생아들이랑은 너무나 다르게 생긴 괴생명체 같아서 징그러웠다. 그리고 엄마가 돼서 기쁘기보다는 힘들고 졸려서 귀찮았다.

그러다 어느 날, 아기를 살살 찔러보고 뒤적거려봤는데 그야말로 완벽했다. 내가 뭘 한 거지? 그런 생각이 들었다. 아무것도 안 했다. 인류 대대로 누구나 해왔던 일인데, 내가 지금까지 공을 들여 성취해왔던 일들보다 더 완벽하게 느껴졌다. 물론 병원비를 냈지만, 그렇게 돈으로 환산한 비용과 아이의 완벽함과는 직접적인 관계가 없었다. 아기는 아기 자체로 완벽했다. 내 아기가 다른 아기들보다 탁월한 점이 있던 것도 아니고, 내가 영웅적인 임신과 출산을 한 것도 아니었다. 그런데 어떻게 완벽하다는 감정이 이렇게 확실하고 강력하게 들 수 있을까? 내가 에베레스트에 오르고, 구글을 창업했다 해도 이런 감정이 들 수 있을까를 상상해봤다. 아무래도 아닐 것 같다.

그렇지만 내가 진짜 아무것도 안 한 것은 아니다. 내 몸에서 아기가 만들어지고 있다는 것을 매 순간 의식하지 않을 수가 없었다. 나는 그렇게 아무것도 안 하면서 온 존재를 다해서 집중했던 것이다. 내가 열심히 노력하거나 투자해서 얻은 결과도 아니지만, 그렇다고 길가다가 눈먼 돈을 집은 것도 아니었다. 나는 '공짜'와 '완벽함'을 새로 배웠다. 시험이든 재테크든 내가 아득바득 열심히 해서 노력했던 것들은 얻었을 때에는 예상했던 것보다 별로 기쁘지 않았다. 고생하면서 이미 대가를 치렀으니까. 실패하지 않은 것에 대해 안심하고 잠시나마 불안이 해소된 것뿐이었다.

나는 인생을 공짜로 살아가기로 했다. 특히 아이와 함께 말이다. 아이가 태어난 날 느꼈던 완벽한 존재, '공짜'로 얻은 '경이로움'으로 먼지 같이 사소한 하루하루가 채워지는 기쁨과 그것을 모르고 지나치지 않겠다는 나의 의지. '공짜'이기 때문에 내가 그냥 지나가면 그것은 내 것이 아니다.

그러니까 그날, 아이가 태어난 날을 매일 되살기 위해서 내가 '해야 할 일'은 아무것도 하지 않기다. 임신 기간 중 술을 안 먹고, 빨리 걷지 않았던 정도로만 '한다.' 정신을 똑바로 차리고 공짜인 완벽함을 인식하기. 아이는 내가 별로 하는 일도 없이 저절로 자라서, 태어난 날 이후로 매일 더욱 완벽해지고 있지 않은가. 문법적으로 완벽에는 '더욱'이라는 부사를 쓸 수 없지만, 완벽하게 태어난 아이가 자라는 모습을 더 정확하게 묘사하는 방법을 나는 모른다. 결국 공짜여야 즐겁다! 태어나서 울고 싸고 자기만 했던 아이가 조잘조잘 떠들면서 함께 서로의 완벽한 순간을 완성하는 여름 날 저녁처럼.

이 감정이 교육비 지출과 무슨 관련이 있냐고? 아이에게 남보다 뛰어난 성취의 기회를 주고 싶어서 돈을 쓰고 싶은 마음이

들 때가 있다. 이때 나는 아이가 삶이 주는 완벽한 공짜를, 그 과정을 누리는 기회를 더 많이 받을 수 있을 것인지 한 번 더 생각한다.

해줄 수 없는 일,
엄마도 자신을 알아간다

아이가 힘들어하는데
부모로서 아무것도 해줄 수 없어 무력감을 느끼게 될 때,
어떻게 마음을 다스려야 할까요?

우리 세대에 유행했던 만화 '공포의 외인구단' 노래 가사 중 "난 네가 좋아하는 일이라면 뭐든지 할 수 있어."라는 구절이 있다. 큰아이를 키워왔던 16년 가까운 시간 동안, 시시때때로 이 노래를 흥얼거리곤 했다. 아이가 별일 없이 웃기만 해도, 그냥 그것만으로 이 세상 전체와 내 존재의 중심이 꿈틀거리며 순식간에 환한 빛으로 눈이 부시니까.

    그런데 청소년이 된 아이를 보며 새롭게 떠올리기 시작한 노래 가사는 '해줄 수 없는 일'의 "아무것도 난 몰랐잖아. 너를 힘들게 했다는 게, 그런 것도 몰랐다는 걸, 도무지 난 용서가 안 돼."이다. 아이의 학교 성적, 대학, 학원, 성취 같은 것들에 나는 특별한 관심이 없다. 내가 한 일은 아이를 관찰하는 일뿐 주변에서 말하는 성취와 경쟁을 완전히 내려놓고 아이를 바라보면 아무리 봐도 지루하지 않고, 보면 볼수록 예쁘다. 특별히 예쁜 짓을 해서가 아니라, 그냥 예쁘다. 울어도 예쁘고, 지저분한 짓을 해도 예쁘고, 못 그린 그림, 게으른 에세이를 자랑해도 예쁘다. 남들 눈에 그저 평범한 아이가 그렇게 예쁘게 보이는 걸 보고 깨달은 건 세상만사 그렇게 오래 보고 있으면 다 예뻐 보인다는 것이다.

이런 시간을 거치면 아이 역시 엄마를 관찰하는 법을 배운다. 마치 거울 같다. 엄마를 관찰하는 아이는 사춘기쯤 되면 엄마와 동등한 관찰자로서의 지위를 갖는다. 지위는 책임을 동반하기 때문에 중2병이나 사춘기 반항은 하지 않게 된다. 엄마에 대한 도덕적 의무로서가 아니라, 자신의 시각과 입장에 대해 자신감 있는 인간의 너그러움으로 말이다. 여기까지는 엄마 노릇을 하기 쉬웠다. '네가 좋아하는 일이라면 나도 좋으니까.'

하지만 아이는 내가 막아주고, 내가 대신해줄 수가 없는 인생 과업을 만났다. 바로 친구 관계에 대한 고민 말이다. 이 분야야말로 내가 '아무것도 모르고, 내가 너를 힘들게 했을 수도 있다는 게 도무지 용서가 안 돼.'라고 말해야 할 것 같다. 아이는 중학교부터 고등학교 첫 학기를 마칠 때까지 친구가 없어서 슬퍼했다. 아이가 이 이야기를 할 때마다 난 웃어야 할지 울어야 할지 망설이곤 했다. 내가 십대였을 때랑 너무 똑같아서. 유전자 때문이건, 내가 아이에게 보인 선례 때문이건… 내 책임인 것 같았다.

나는 대학 졸업까지 친구가 없었다. 왕따를 당하거나 자잘한 갈등조차 겪지 않았다. 문자 그대로 친구가 없었으니 친구 때문에 마음이 힘들거나 불편할 일 자체가 없었다. 친구 관계 때문에 힘들어하거나 여럿이서 어울려 다니며 깔깔대는 다른 아이들을 보면 '난 너무 심심한가?' 허전한 마음이 들곤 했을 뿐이다.

등하교를 같이 하는 것, 떡볶이를 먹으러 같이 다니는 것, 화장실에 따라가는 것, 체육복을 갈아입고 같이 운동장에 나가야 하는 의무들이 내겐 귀찮았다. 꼭 함께할 필요도 없어 보이는 일인데, 굳이 만나는 시간을 정하는 것에서부터 약속 시간을 안 지키는 친구를 기다리는 것, 옆 친구와 보폭을 맞춰야 하는 것 등을 소홀히하면 친구는 못 갖게 된다. 나이가 들고 나서는 시시한 이야기들만이 갖는 깊음을 만끽할 수 있게 됐지만, 그때는 아이들의 수다들이 지루했다. 어린 나는 그 사소한 것 외에도 궁금한 것들이 너무나 많았으니까.

그러다 몽테뉴가 우정에 대해 쓴 글을 읽었다. 그의 친구 라 보에시와의 우정은 역사적으로 유명하다. 몽테뉴는 전염병에 걸려 죽어가는 라 보에시의 병상을 몇 날 며칠 지키면서 글을 남긴다. 그 글을 직접 읽어보면, 우리가 쉽게 예상하는 병상의 구구절절한 애틋함이나 친구에 대한 애절한 사랑과는 조금 거리가 있다. 냉정하다 싶을 만큼, 사뭇 호기심마저 느껴질 만큼, 친구의 마지막 나날을 세밀하게 관찰하고 묘사한다. 그런데 나는 신파처럼 사랑을 고백하는 어떤 우정에 대한 글보다 더 큰 감동을 느꼈다. 자신의 슬픔에 취하지 않고, 친구의 죽음에서 오는 자신의 공포에 압도당하지 않고, 친구의 죽음을 부정하지 않고, 초연하게 친구를 바라봐주는 그런 사랑.

스물넷의 어느 날, 나도 드디어 첫 친구를 만났다. 자정까지 운영하는 학교 식당이 문을 닫을 때쯤 우연히 눈이 마주쳐 이야기를 시작했고, 우리는 새벽 네다섯 시가 다 되도록 자리를 뜨지 못하고 이야기했다. 호구 조사나 친구가 되려는 의지 같은 것 없이 우리는 그저 함께 서로를 연구했다. 나는 어떤 샌드위치를 가장 좋아하는지, 햄의 두께와 장수, 소스의 양까지…, 그리고 그 친구는 옷을 보관하는 자신만의 완벽한 방법에 대해, 옷을 거는 간격까지 세세하게 말했다. 그런 시시콜콜함이 중요했던 것이 아니라, 우리는 이 세상에 둘 외에 누구도 존재하지 않는 것처럼 상대를 진지하게 받아들였던 것이다. 그 후 나는 드디어 친구들을 하나둘 사귀기 시작했다.

친구와 함께하는 이유는 이 세상 모든 사람들, 가치들, 필요들이 녹아내리기 때문이다. 오로지 상대에 대한 집중으로 말이다. 나는 스물네 살 이후 여러 친구가 생겼지만 여전히 동창 모임, 학부모 모임처럼 우연히 단체로 모이는 친구는 하나도 없다. 나는 내 친구와 세상 돌아가는 이야기 말고 우리 자신의 이야기만 한다.

큰아이가 중학교 2학년 때부터 친구가 없다는 고민을 시작했는데, 나의 중고등학생 시절 이야기와 너무 똑같았다.

"BTS를 좋아하지만 그냥 맹목적으로 미치는 것 말고, 그와 관련한 나의 이야기를 하고 싶어. 화장품과 휴대폰 이야기는 하고 싶지 않아. 여드름이나 다이어트 이야기를 하고 싶지 않아. '너는 그냥 네 모습으로 예뻐.'라고 말해줘도 자아비하를 멈추지 않는 아이들이 짜증나. 여러 명과 어울려 다른 아이들의 뒷얘기를 하고 싶지 않아. 집에서 엄마아빠가 불만이라거나 학교가 싫다는 뻔한 이야기를 듣고 싶지 않아. 진짜 자기 이야기를 할 수 있는 친구가 있었으면 좋겠어. 단지 어울리기 위해서 억지로 함께 있어야 하는 건 싫어. 그런데 그러고 보니 외롭다. 친구가 있었으면 좋겠어. 엄마랑 엄마 친구 같은 그런 관계의 친구가 있었으면 좋겠어."

나도 중고등학교 때 내가 사회부적응자가 아닌가 의심하면서 외로웠다. 알고 보니 난 사회부적응자가 맞았는데, 대신 사회부적응자로 살아가는 재미를 찾아냈다. 이 이야기를 아이에게 해줄 수 없는 이유는, 아이는 친구가 없는 것 말고는 나와 비슷한 점이 하나도 없는 다른 성격의 사람이기 때문이다. 그러니 내 이야기가 적용될 리 없을 것이다.

내가 해줄 수 없는 일. 내가 사회성이 뛰어난 사람으로서 모범을 보여줄 수 없고, 너의 미래에도 너에게 꼭 맞는 친구가 등장할 거라고 자신 있게 말해줄 수 없고, 너의 십대 친구가 되어주거나 만들어줄 수 없고, 모든 게 괜찮을 거라고 말해줄 수 없어서, 그래서 '용서가 안 된다.' 아이가 어렸을 때는 '모든 게 괜찮을 거야.'라고 말해줄 수 있었는데, '엄마가 있으니까 걱정 마.'라고 해줄 수 있었는데 말이다. 여전히 내가 할 수 있는 일은 그저 너를 바라봐주는 것뿐.

그런데 아이가 내게 말한다.

"엄마, 걱정 마. 난 기다릴 수 있어."

역시 관찰의 사랑법을 함께 배우는 중인 열 살짜리 동생도 거든다.

"언니는 우리 집에서 제일 참을성이 많은 사람이잖아. 그러니까 언니한테 기다리는 일은 식은 죽 먹기일 거야."

타인과 부대끼며
가장 나다워지는 일

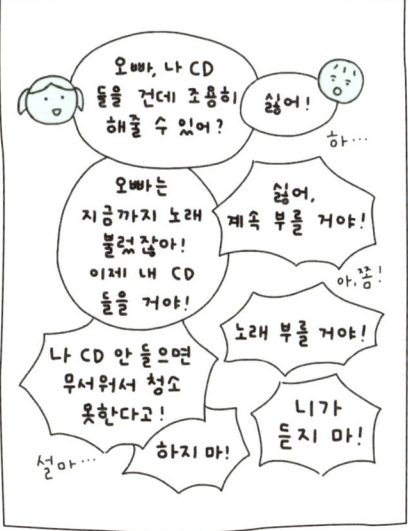

남을 배려하는 아이로 키우고 싶은 동시에,
남에게 이용만 당하진 않는 아이로도 키우고 싶어요.
자기주장을 잘해야 하는 세상이잖아요.
그렇다고 이기적인 아이가 되어서도 안 되겠죠.
적절한 중간 지점이 있을까요?

아이의 학교 성적이나 미래의 직업 전망에 대한 나의 무관심이야말로 내 교육 목표의 핵심이다. '안 하고, 없는 것'이 어떻게 목표가 될 수 있을까? 내 딴에는 이게 무언가를 '하는 것'이기도 하다. 아이가 자기다운 방식대로 자기가 위치한 시대와 장소에 맞게 자기 인생을 살아가는 즐거움을 내가 빼앗지 않고 아이에게 남겨주는 일 말이다.

어떻게 나다워질까? 어떻게 내가 좋아하는 것을 알까? 그것이 어떻게 인생을 사는 즐거움이 될까? 이 질문들이 얼마나 어렵게 느껴지는가? 이 모든 질문의 답은 타인과 함께하기에 있다고 나는 믿는다.

인간은 영원히 홀로 나다워질 수 없는 존재다. 남들과 나를 비교하고, 다른 아이들의 학원 스케줄이 궁금한 것은 자연스러운 인간의 본능이다. 하지만 인간은 99퍼센트 강력한 본능의 지배를 받으면서 미미한 1퍼센트의 자유를 위해 살아간다. 1퍼센트의 나다움이라고 해도 무리는 아닐 것이다. 이 불균형한 두 가지 모두를 수용하는 것을 경험하게 하는 것이 내가 아이들에게 갖는 교육의 목표다. 타인과의 관계 안에서 머물기, 그리고 그 안에서 자신을 발견하고 지켜내는 기쁨을 느끼기.

큰아이가 중학교 2학년 때, 한국의 조부모님 댁에서 몇 달을 지내고 있을 때였다. 아이와 나, 할머니, 할아버지가 다 같이 장거리 자동차 여행을 하는 날 아침에 아이가 짐을 싸다 내게 물어왔다.

"엄마, 내 MP3 가져가서 음악 들으면 안 되겠지?"

"왜 안 돼?"

"동생이낭 아빠는 없지만, 그래도 가족이 함께 가는 거니까 나 혼자 음악 들으면 안 되잖아."

아이가 이런 허락을 구하게 된 배경은 다음과 같다. 우리 가족의 원칙은 '가족이 함께 있는 동안, 고립된 개인이 되는 전자기기 사용 금지'다. 일단 우리 가족이 힘을 합쳐 외부와 맞서 지키는 것이 우리 가정의 개인용 전자기기 청정지역 만들기다. TV, 인터넷, 스마트폰, 게임기가 없다. 그러다 큰아이가 음악 듣는 것을 좋아해서 만 13세가 됐을 때 MP3 플레이어를 갖기로 했다. 그러면서 이 새로운 기기를 어떻게 이용할 것인지에 대한 원칙을 함께 의논했다. 이 의논을 하는 데에만 반년이 넘게 걸렸다.
또 기회가 될 때마다 온 가족이 이 주제에 대해 이야기를 나눈다.

- 새로운 기기를 가졌을 때, 당사자인 큰아이의 행동은 어떻게 바뀔까?
- 그 변화에 따라 다른 가족들은 어떤 영향을 받을까?
- 기기가 없었을 때 좋았던 점은 무엇일까? 또한 예상되는 나쁜 점은 무엇일까?
- 없었을 때의 장점을 어떻게 잃지 않을 수 있을까? 또한 나쁜 점이 생기면 어떻게 대응할까?

　　이런 이야기를 나누며 합의한 내용을 바탕으로 적당한 기기들을 같이 쇼핑했다. 결과적으로 나온 원칙이 '가족과 함께 같은 공간에 있을 때는 혼자서 음악을 듣지 않는다. 모든 가족이 함께 즐길 때에만 스피커로 함께 음악을 듣는다. 이어폰을 끼고 혼자 음악을 듣는 것은 등하고 스쿨버스에서 하루 2시간씩만 한다.'이다. 다른 아이들이 스마트폰에 빠져 있는 그 시간 동안 말이다.
　　"할머니, 할아버지한테 네가 듣고 싶은 음악을 설명해서 함께 들을 수 있도록 하면 되잖아. 그러니까 MP3 가져가도 돼."
　　아이가 차 안에서 할머니, 할아버지한테 BTS의 '페이크 러브'에 대해 설명하기 시작했다. 할머니, 할아버지의 표정이 그야말로 외계어를 듣는 표정이다. 아이가 두 번쯤 설명하다 짜증난다는 표정으로 내게 말한다.

"엄마, 그냥 나 음악 안 들을래."

"지금 포기하면 안 돼. 우리 넷이 똑같은 이유와 강도로 즐길 수는 없지만 함께 들을 수는 있어. 조금 더 열심히 할머니, 할아버지한테 설명하고 공감을 얻어내."

이때부터 코미디보다 더 웃긴 대화들이 오간다. 영어 같지 않은 영어와 한국어 같지 않은 한국어를 써가며 15세 손녀와 70세 조부모의 대화가 떠들썩하다. 그렇게 30분 동안 대화 폭풍이 지나고, 드디어 차 안을 쾅쾅 울리는 BTS의 노래. 할머니, 할아버지의 영혼 없는 감상평이다.

"음악 좋네."

아이는 안다. 할머니, 할아버지가 음악을 좋아하는 것이 아니라, 30분 동안 서로 노력했던 엉망진창 대화에 대한 감사 표현이라는 것을. 아이가 싱긋 웃는다. 이제는 짜증이 없다. 서로를 포기하지 않고 노력했던 대화 자체를 거쳤기 때문이다.

"할아버지, 음악 안 좋다고 하셔도 돼요."

"아니야, 네 설명을 듣고 나니까 정말 좋아."

한참 BTS의 노래를 듣고 나서 내가 아이에게 슬쩍 찔러줬다.

"네, USB에 있는 복면가왕 버전 '백만 송이 장미'랑 '낭만에 대하여'는 할머니, 할아버지도 좋아하실 거야."

"그래? 할머니, 할아버지! 이 노래 좋아요?"

그리고 나니 할아버지도 진지하게 들으시다가 역시 진심 어린 감상평을 내놓는다.

"원곡 가수 심수봉은 콧소리가 더 심했어. 옛날에는 그렇게 불러야 감정도 진하게 살아나고 그랬거든. 그치만 이것도 좋네."

그러면서 할머니, 할아버지가 흥얼흥얼…, 우리 넷은 그렇게 함께 음악을 감상했다. 그리고 아이는 또 할머니, 할아버지에게 설명한다.

"동생은요, 저랑 음악 듣는 방식이 완전히 달라요. 걘 아직 어려서 제가 틀어줘야 들을 수 있거든요. 워너원의 '뷰티플'만 수십 번씩 틀어달라고 해서 너무 짜증나요. 저는 좋아하는 노래 숫자가 굉장히 많아서 이것저것 들을 수 있고, 아무리 좋은 노래도 그렇게 여러 번 반복해 듣고 싶지 않거든요. 그런데 걘 좋아하는 노래 수는 적은데 심하게 좋아해요. 사람들이 음악을 좋아해도 이렇게 다르거든요. 할머니랑 할아버지는 어떻게 다르세요?"

역시 이 질문에 할머니, 할아버지는 아이가 이해할 수 있는 답을 주지 못하셨다. 그분들은 당신들이 어떤 방식으로 음악을 즐기고, 그 방식이 어떻게 다른지 이야기를 나눠본 적이 없었을 것이다.

"동생이랑 사이좋게 음악을 들어야지."

"네? 그게 아니고요. 걔는요…."

그러면서 또 옥신각신 이야기를 한다. 그러면서도 깔깔 웃는다. 아이는 할머니, 할아버지와의 엇나가는 대화를 즐기는 방식을 배우고 있는 중이었다.

우리 넷은 좁은 차 안에서 함께여서 즐겁게, 하지만 각자 자기만의 방식과 취향으로 음악을 들었다. 그렇다. 혼자 음악을 듣는다면 도저히 알아낼 수 없는, 지독하게 세밀한 개인적인 취향

말이다. 더 세밀하게 나다운 개인이 되기 위해서 우리는 나와 다른 타인과 함께해야 한다. 우리 가족은 함께하면 함께할수록 서로 너무나 다른 독특함을 확인하며 그렇게 자신을 지켜가려고 한다. 그 과정이 바로 교육이 아닐까?

공부 안 하고 노니까 우리 아이들이 엄청난 자유를 누리기도 하지만, 다른 의미에서 혹독한 제한과 훈련을 받고 있다. 여름방학 때 한국에서 인터넷과 TV를 실컷 즐기고, 가공식품도 마음껏 먹다가 미국 집으로 돌아가는 아이를 보고 할아버지가 그러신다.

"논산 훈련소 입소하는구나."

불편의 반대 지점에
끈질김이 있다

물론 운전해서 좋은 점을 쓰라면
이거보다 열 배는 더 적을 수
있겠지만…

어디서 무얼 하는지보다
누구와 어떻게 하는지가
더 중요한
유년 시절이기에
뚜벅이 엄마라고
미안해하지 않기로 했다.

부모는
관객이다

되도록이면 스마트폰을 늦게 사주고 싶은데,
다른 아이들은 다들 가지고 있으니 안 사줄 수도 없는 것 같아요.
언제까지 기다리는 게 좋을까요?

폭설이 내렸다. 스쿨버스가 다니기 힘들 정도이니 학교가 휴교할 것 같았다. 전날 늦은 밤이나 새벽에 휴교 여부가 결정되는데, 인터넷 접속이 되어야 알 수 있다. 2년 전만 해도 휴대폰 문자메시지를 보내줬는데, 이제 그 시대도 끝났다.

월요일: 폭설 첫날 아침에는 자체적으로 판단하고 온 가족이 다 같이 푹 잤다. 그래도 찜찜해서, 오전 10시쯤에 아는 사람한테 전화해서 확인해봤다. 다행히 휴교란다. 오후엔 운전대를 잡고 엉금엉금 기다시피해서 동네 스타벅스에 갔다. 휴교해도 학교 숙제는 인터넷으로 내준다고 해서 큰애 숙제를 위해.

화요일: 월요일 오후에 확인해봤을 때는 다음 날 2시간 늦게

시작한다고 했다. 그런데 아무래도 기상 상황이 안 좋다. 2시간 늦게 준비하곤 창문에 붙어서 식구들이 돌아가며 당번을 섰다. 창문으로 스쿨버스가 지나가나 지켜보는 것이다. 집 창문에서 버스가 지나가는지 아닌지 볼 수 있어서 그나마 다행이다. 40분이 지나도 스쿨버스가 안 지나가기에 휴교한 거라고 짐작했다. 이번에는 오후에 맥도날드에 가서 인터넷으로 확인했더니 역시 휴교였다.

수요일: 큰아이가 평소와 같이 오전 6시 50분에 집앞에 나가서 스쿨버스를 기다렸다. 같은 학교에 다니는 딸을 둔 옆집 아줌마가 출근길에 한마디했다. "오늘 학교 2시간 늦게 시작한다는 거 모르니?" 다시 집에 돌아와 2시간 더 기다렸다.

이렇게 3일간 발레, 조정, 도서관 등이 문 닫은 건 일일이 전화를 걸어 알아냈다. 휴교 여부를 알아야 하는 때는 너무 이른 시간이라 아는 사람에게 전화할 수가 없으니 가장 큰 문제다. 요즘엔 인터넷이 없으면 사람 구실 못하며 산다. 사람 구실을 남들만큼 꼭 해야 하는지, 해야 한다면 얼마만큼 해야 하는지는 아직 생각 중이다. 영원히 이에 대해 생각하며 살아갈 것이다.

왜냐하면 불편에 단련되는 것, 그리고 그 편리함을 궁리해서 찾아내는 것, 이 두 가지가 모두 다 인생의 재미라고 생각하니까. 그렇다고 해서 우리가 전기나 자동차를 버리고 산속으로 들어갈 생각은 없다. 불편과 편리함의 균형을 어디서 찾아야 하는지, 그것이야말로 지극히 개인적인 영역이라고 생각한다.

인터넷 없는 불편은 거기서 만들어지는 우리만의 이야기와 재미에 비하면 무시할 만하다. 적어도 아직까지는. 그러니까 불편함이 재미를 이기는 순간, 이 결정은 바뀔 것이다. 다만 그런 불편함을 직접 느껴보지도 않고 온전히 자신만의 결정을 내렸다고 하기는 힘들지 않을까?

스쿨버스가 지나가는지 지켜보기 위해 키가 작은 둘째아이는 의자까지 끌고 와서 목을 빼고 서 있다. 그러면서 인터넷이 없어서 웃기는 우리의 상황을 서로 자학하면서 낄낄대거나, 학교는 열었는데 우리만 안 가면 어떨까, 날씨가 어떨까에 대해 평가하며 수다 떠는 시간들을 우리는 좋아한다. 시간만 낭비하는 바보 같은 대화들 말이다. 인터넷이 있었다면 이런 바보 같은 시간을 보내지 않았을 것이다. 그런데 우리는 안다. 똑똑하고 심오하고 꼭 필요한 대화보다 이런 대화들이 우리들 기억에 오래 남아서 두고두고 서로 깔깔댈 거리가 된다는 것을.

우리 가족은 이런 환경 속에서 멍때리는 시간에는 진짜 멍을 때린다. 여름방학 때 한국 동네 미장원에 가서 아이가 파마를 했다. 나도 같이 기다렸다. 파마 중간에 이런저런 약품을 바르고 기다리는 시간이었다. 다른 손님은 한 명도 없고, 별로 말이 없는 미장원 아줌마와 우리 둘뿐이다. 아이나 나나 멀뚱멀뚱 멍때리면서 별 생각 없이 앉아 있었다. 우리에게 그런 시간은 너무나 익숙하다. 미용사 아줌마도 그런가 보다 했는데, 갑자기 한마디하는 거다.

"스마트폰 안 보세요? 이럴 때 다 들여다보시던데…."

"저희 가족은 아무도 스마트폰이 없어서요."

"네, 정말요? 어떻게 그렇게 살아요? 요즘 그렇게 사는 게 가능해요?"

"그냥 살면 살아져요. 미친 듯이 불편하지만."

"아이가 고등학생인데 학교는 어떻게 다녀요? 사달라고 안 해요?"

이런 질문을 자주 받는데 보통은 아이가 옆에 없을 때가 많다. 그런데 이땐 마침 아이도 있어서 직접 답하게 한다.

"불편한데 그게 꼭 사야 할 이유는 아닌 것 같아서, 딱히 사고 싶진 않아요."

그랬더니 아줌마가 자기 딸이 휴대폰만 보고 중2병에 걸렸다고 하소연한다. 들어봤더니 그렇게 심각한 것 같지도 않다. 몇 번 싸우고 화해하고, 그러면서 협상하고 나면 금방 해결될 문제들이다.

실제로 부모 상담을 해보면 그럴 때가 많다. 엄마 이야기를 먼저 들어보면, 아이가 당장이라도 우울증에 걸러서 큰일을 저지르거나 가출하는 등 심각한 문제를 일으키기 일보 직전이다. 그런데 막상 아이를 만나서 셋이 이야기하면 서로 가진 불만이나 요구 사항을 모르고 있는 경우가 많고, 그것을 서로 이야기하면 "그 정도는 내가 양보할 수 있지." 이러면서 끝날 때가 많다.

물론 이것은 끝이 아니다. 앞으로도 이런 대화나 싸움, 아이가 혹은 엄마가 무엇을 싫어하고 어느 정도 양보할 수 있을지 서로 알아가는 일은 진 빠지고 귀찮을 것이다. 이때 휴대폰으로 도망을 가버리면 안 된다. 상상해보자. 화가 난 아이와 엄마가 아무것도 안 하고 있을 때와, 아이나 엄마 혹은 둘 다 휴대폰을 들여다보고 있을 때… 이중 언제 서로 대화나 싸움을 시작하기 더 좋을지 말이다. 이런 대화는 "자, 우리 대화하자." 한다고 시작되지 않는다. 누구에게나 피하고 싶은 일이기 때문이다.

 휴대폰이 없어서 우리는 더 많은 대화를 나눌 수밖에 없다. 그야말로 불편함의 끝판왕이다. 가령 아이랑 만나야만 하는데 통화하기 힘들 때 약속 장소와 시간, 방법, 혹시 못 만나면 어떻게 할지를 세세하게 이야기해야 한다. 휴대폰이 아예 없던 시절이라고 엄마와 이렇게 많은 대화를 나누진 않았다. 엄마와 아이가 만나야 할 일 자체가 별로 없었다. 모두가 휴대폰이 없던 시절이니까. 우리는 모두가 휴대폰이 있어서 쉽게 만날 수 있음을 전제하고 일상이 구성되는 시대에 살기 때문에 오히려 그 누구보다 더 많은 이야기를 나눠야 한다. 고작 약속 정하는 대화가 무슨 깊은 의사소통이냐고? 앞에서도 이야기했지만 나만의 좋은 생각은 멍때리다가 떠오르고, 좋은 대화는 아무 짝에도 쓸모없는 이야기들이 쌓여야 이뤄진다.

 또한 가장 비싼 교육은 '휴먼 터치'라는 게 내 생각이다. 휴대폰이 없어서 불편한 또 다른 것 중 하나는 요새는 아이들 학교 숙제, 행사 일정 등이 휴대폰이 있어야 알 수 있는 경우가 대부분이란 점이다. 그런데 이는 내 불편이 아니다. 아이가 초등 1학년일 때부터 나는 아이의 학교 관련 의무에 관여하지 않는 것을 원칙으로 삼고 있기 때문이다.

학기 초가 되면 아이들과 나는 과목별 선생님들에게 이메일을 보낸다. 우리는 인터넷 접속이 자유롭지 않아서 숙제 등 미리 준비해야 할 사항을 종이로 미리 알려달라고 말이다. 하지만 아이도 나도 안다. 이 부탁의 실효성은 70퍼센트 정도다.

어떤 선생님은 아무리 말해도 매번 마치 처음 들었다는 듯 "어머, 인터넷이 없니?"라고 한다. 우리 아이는 말한다. "기억상실증에 대처하는 법. 나도 똑같이 기억을 잃는 거지. 나도 언제나 처음처럼 선생님한테 가서 말해. 저희 집에는 인터넷이 없거든요. 그러니까 이렇게 저렇게 해주세요."

한번은 뮤지컬 공연 준비를 할 때 미리 연습할 노래와 춤이 밤에 인터넷에 올라왔는데, 그걸 아이가 못하기도 했다.

"이럴 때 연습 시작 전에 친구한테 빌려서 미친 듯 연습해야 해. 그래도 부족하거든. 그래서 새 노래 배우는 날에는 솔직히 가사만 외워서 립싱크를 할 수 밖에 없어. 더욱 자신 있는 표정으로 말이지, 하하하. 지휘자 선생님이 눈치 채도 자기 실수를 아니까 모르는 척하는 것 같아. 내가 인터넷 없다고 말했으니까."

아이들 파티 일정에도 우리 아이는 못 낄 때가 많다. 아이는 자신에게 따로 연락해줄 친구를 여럿 확보하려고 최선을 다하고 있다. 이 노력은 친구 관계에 대한 좌절을 3년이나 겪으면서 겨우 해결했다. 요새는 인터넷과 소셜미디어로 연결되지 않아도 자신을 있는 그대로 받아주는 친구들을 사귀어서 아주 즐거운 사회생활을 하고 있다. 아이가 이 험한 고난을 겪는 내내 옆에서 지켜보던 나는 때때로 말했다.

"네가 언제든 '엄마, 도저히 안 되겠어. 스마트폰 사줘.' 하면 엄마는 네 판단을 믿을 거야."

이 말을 하면서도 나는 조마조마했다. 하지만 아이는 내가 생각한 것보다 훨씬 강했다. 단 한 번도 갈등의 기미조차 보이지 않았고, 오히려 즐기는 눈치다. 우리 아이가 특별한 아이인 걸까? 절대로 그렇지 않다. 그렇다면 여기에 쓰지도 않았을 것이다. 모든 인간은 다 그렇다. 특히 기술이 고도로 발달한 이 시절에 가장 값비싼 가치는 인간과의 접촉이 된 것이다.

세상에 영원한 것은 없다. 기술 발달 전에는 물건과 기술, 지식이 희소가치가 있었다. 지금 이런 것은 거의 공짜나 다름이 없다. 스마트폰 덕분에. 우리가 비싼 돈을 지불해야 구할 수 있는 건 이제 진짜 사람과 만날 기회다. 20~30년 전만 해도 비싼 식재료는 공장에서 나왔다. 지금 가장 비싼 식재료는 공장의 기계가 아니라, 사람이 생산 전체를 책임지는 자연 식재료들이다.

우리 아이가 특별해지는 과정은 아이 자체의 특별함 때문이 아니라, 아이가 자신의 부족한 점(휴대폰 없음)을 사람과 접촉하며 설명하고, 이해를 구하고, 해결 방법을 생각해내고… 그래도 당하는 불편함을 견디는 데에서 생겨났다. 내가 그렇게 설명해 주지 않아도 아이 스스로 그것을 느꼈다. 아이의 자신만만함은 아이가 가진 소유물이나 성취에서 오는 것이 아니라, 어떤 일이 닥쳐도 다른 사람과 이야기를 나누면 무엇이든 견뎌낼 수 있다는 확신에서 온다.

한 걸음 더

▲

질문 저도 아이에게 스마트폰이랑 인터넷 등을 천천히 접하게 하고 싶어요. 하지만 학교에서 소통을 스마트폰이나 인터넷으로 하는 게 기본이라면 그 소통을 위한 최소한의 창구는 마련해주는 게 맞는 것 같기도 해요. 제 교육적 철학이라는 가치와, 상대방의 시간에 대한 존중이라는 가치 두 개가 상충되는 상황이죠. 요즘엔 암묵적으로 인터넷 소통이 당연시되잖아요. 여기 예에서처럼 미리 연습하지 못해 전체에 폐를 끼치는 경우도 생기고, 또 수업 자체가 어려워지는 상황이 생길 수도 있을 것 같아요. 물론 교사에게 인터넷이 없다는 걸 먼저 알렸지만, 매 수업마다 이 특수 사항을 챙기는 게 교사에게도 쉽지만은 않을 것 같아요. 교사가 그 에너지를 아이들 전체를 위한 부분에 쏟아주는 게 더 맞겠단 생각도 들고요. '자기만 불편을 당하는' 입장에서라면 나의 철학을 지키기 위해서 고수하는 것도 좋을 테지만요. 상대방에게 '계획에 없던 부담을 당하게' 만드는 마음의 빚 같은 것은 어떤 식으로 판단하고 교육하시는지 궁금합니다.

답 '전체에 폐를 끼치면 안 된다.'는 생각은 양날의 검이에요. '전체'와 '폐'라는 게 무엇인지에 대한 고민이 없으면 쉽게 전체주의적인 강요나 개인성의 상실로 이어질 위험이 있어요. 예를 들면, 스마트폰을 소유함으로써 우리는 간접적이지만 환경 파괴를 하게 되고, 필요 없는 소비를 조장하는 자본의 힘을 강화하게 돼요. 인류와 지구 전체에 폐를 끼치는 거죠.

하지만 프린트물을 나눠주지 않아도 되니 지구를 보호하는 거라고 주장할 수도 있어요. 모두 일리 있는 말이에요. 미리 연습하지 못하는 상황 역시 마찬가지예요. 스마트폰으로 연락받아도 미리 연습하지 않는 아이들도 있어요. 게을러서 그렇든, 아파서 그렇든 모두 다른 이유로요. 여기서 피할 수 없는 결론은 우리는 모두 '폐'를 끼치면서 살아갈 수밖에 없다는 거죠. 이를 인정하는 게 먼저라고 생각해요. 이 인정이 중요한 이유는, 이 명백한 사실을 외면하게 하는 것이 극도의 자본주의적 사고이기 때문이죠. 우리는 남들에게 폐를 끼치지 않기 위해 많은 것들을 돈으로 해결해요. 그리고 내 돈으로 해결했기 때문에 나는 아무에게도 폐를 끼치지 않았다고 믿게 되는데, 조금만 생각해보면 그렇지 않아요. 더 중요한 문제는, 우리가 돈으로 해결하면서 삶을 만들어갈 때 우리는 나만의 색깔을 잃고 비슷비슷한 상품을 소비하는 소비자에 머물게 될 위험이 있어요.

미리 연습하고 스마트폰으로 소통하는 전체의 편의에 대해 다시 살펴볼게요. 연극반 선생님은 아이가 처음부터 스마트폰이 없다는 것을 알고도 2 대 1이 넘는 경쟁률의 캐스팅 명단에 아이를 포함시켰어요. 코러스는 사실 특별한 실력이 필요 없어요. 더 중요한 건 전체 배우와 스태프가 50명이나 되는데, 이 각양각색의 집단에서 스트레스가 극에 달할 때 서로를 다독일 수 있는 성격과 성실성이에요. 아이는 스마트폰도 없지만, 주요 배역에 캐스팅될 연기력이나 가창력도 부족해요. 하지만 연극반 선생님은 이런 능력만 필요한 게 아니라는 것을 알고 계신 것 같아요. 그리고 아이는 미리 스마트폰이 있는 친구에게 부탁해서 같이 연습하려는 추가적인 노력을 해요. 그 노력이 비합리적인 것이 아니라, 친구와 함께 노는 시간이 되기도 하니 좋아하죠. 그럼에도 친구와 시간이 안 맞거나 밤늦게 코러스 악보가 인터넷을 통해서 전달되는 날도 있어요. 그런 날에는 아이는 내가 '폐'가 되는구나 생각하겠죠. 그리고 자기가 남에게 끼친 폐만큼 자신만이 남들에게 좋은 영향을 미칠 부분을 더 열심히 궁리할 거예요. 그리고 스마트폰 때문이 아니라, 그냥 게을러서 연습을 안 해오는 친구들에게도 더 너그러운 인간이 될 수밖에 없고요. 저는 누군가의 실수가 명백히 그 사람의 게으름이나 노력 부족인 상황에서도 그 사람을 비난하기보다는 더 큰 맥락을 읽을 수 있는 아이로 자라는 게 중요하다고 생각해요.

수업 시간에 선생님들이 아이에게 따로 신경써야 하는 부분도 마찬가지예요. 그런 부분을 귀찮아하는 선생님은 아직 한 분도 없었어요. 아이는 모든 수업에서 적극적이고 배움 자체를 좋아해서 선생님들이 '내가 가르치는 게 이렇게 재미있나?'라고 신나게 생각한대요. 중학교 때까지는 다른 친구들이 아이의 이런 점을 잘난 척이라며 싫어하기도 했어요. 하지만 아이는 몇 년이 걸려서 고등학생이 될 때까지 자신이 전체에 좋은 영향이 될 수 있는 고유한 장점을 포기하지 않았어요. 그런데 어느 날부터 반 친구들이 모르는 부분을 아이에게 묻고 도움을 요청하기 시작했죠.

그러니까 나의 교육 철학을 고수하는 것과, 상대방이나 전체에 대한 폐를 끼친다는 마음의 빚은 상호 충돌하는 것이 아니에요. 마음의 빚은 좋은 거라고 생각해요. 인간만이 아니라 살아 있는 모든 생명체는 다른 생명체에게 폐를 끼쳐야 생존할 수 있고, 그런 마음의 빚을 외면하지 않고 잘 간직하면 내가 할 수 있는 나만의 색깔로 다른 사람을 도울 수 있는 힘이 될 거예요. 그게 우리 아이에게는 스마트폰을 안 쓰는 것이죠. 그러니까 모든 사람이 스마트폰을 가져야 한다거나, 아니라거나 하는 문제가 아니에요. 그래서 이 책 전체에서 강조하고 싶은 것은 스마트폰이 나쁘다거나 스마트폰이 없으니 이렇게 좋다는 이야기를 하는 것이 아니라, 스마트폰이 없어서 불편한 점이 이렇게 많지만 그런 불편한 점을 잘 견디면 그것 자체가 좋은 점이 될 수도 있다는 것이죠. 따라서 부모님들이 '남들이 다 가지니까 어쩔 수 없어.'라고 포기하는 대신, 스마트폰 사용 시기와 방법에 대해 적극적인 고민을 한 후에 자기만의 방식을 찾고 지켜내길 바랍니다.

과정에서 배운다는 것

PART 2.
세상과 연결되는 길: 불완전해서 나다울 수 있는 자유

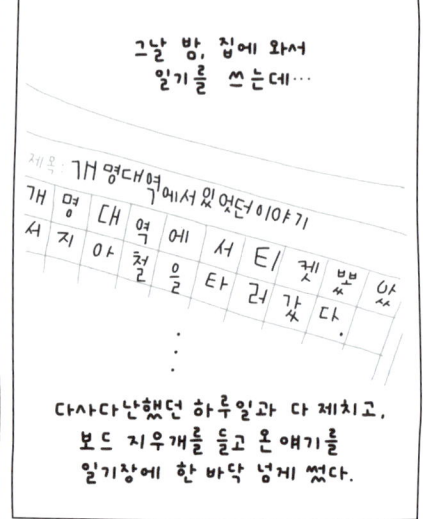

할 일이 있는데도 아이가 느긋하게 아무것도 안 하고
놀고 있으면 불안해요. 그러다 보면 엄마인 제가 나서서
이것저것을 챙겨주게 돼요.

교육이란 거창한 커리큘럼이나 목표한 지식을 통해서만 이루어지는 것은 아니다. 특히 아이가 스스로 정하는 목표를 향해 자신만의 방법과 과정으로 나아가는 것은 가정에서 이루어질 수 있는 교육이다. 자신만의 개성, 취향, 속도를 다른 친구들과 비교하지 않고 천천히 테스트해볼 수 있기 때문이다.

큰아이가 초등학교 6학년, 한국에서 학교를 다니던 때의 이야기다. 학교에서 얼굴 모양의 캐릭터 양말을 자르고 바느질해서 인형으로 만들었다. 아이는 이 인형 만들기를 특히 좋아했다.

집에 돌아와서 또 만들고 싶다며 재료를 사달라고 부탁했다.

"엄마는 그거 어디서 사는지 모르는데? 한 번 만들었으면 됐지, 또 만들고 싶을 만큼 재미있는 거야? 한 번 했을 때는 더 하고 싶지만, 그래서 또 사면 재미없을 수도 있어. 그리고 네가 학교에서 다른 아이들이랑 여럿이 함께 만들어서 재미있던 것일 수도 있고."

"아니야, 진짜 또 하고 싶어."

"그럼, 네가 방법을 찾아봐. 엄마는 그런 양말 어디서 사는지도 몰라."

아이는 학교에 가서 선생님께 여쭤본 모양이다. 며칠 후, 인터넷에서 사는 방법을 알았다며 사달라고 부탁한다.

"엄마는 인터넷 쇼핑 계정이 없어서 새로 만들려면 복잡해. 휴대폰 인증도 받아야 하는데, 한국에선 엄마 휴대폰도 없잖아."

아이는 학교에 가서 아이들에게 또 수소문을 한다. 오프라인 어디에서 살 수 있는지, 동네 이름을 알아왔다.

"근데 거기 어딘지 모르겠는데, 찾아갈 수 있게 좀 더 자세히 알아야지."

또 며칠 지나 아이는 학교에 가서 인터넷 쇼핑에 대한 정보를 더욱 자세하게 알아와 나와 같이 인터넷 쇼핑몰 계정을 만들어 보자고 제안했다. 같이 인터넷 쇼핑 계정을 만들었다. 하다가 포기도 몇 번 했지만, 그러다 결국 성공했다. 배송비가 2,500원이란다. 그래서 말했다.

"배송비는 한 번 주문할 때마다 내는 거니까 한 번 주문하고 또 사주지는 않을 거야. 그러니까 네가 사고 싶은 것을 한 번에 정리해야 해."

그러자 아이가 당분간 주문하지 말고 좀 기다려달라고 했다.

자기가 진짜 필요한 만큼을 더 정확하게 계산하겠다면서. 이때까지 나는 이 아이가 무슨 계획을 하고 있는지 몰랐다. 또 얼마의 시간이 흐른 후 내게 물었다.

"미국에 돌아갈 때 한국적인 걸 친구들한테 선물하고 싶은데, 이 양말 인형 사다 주고 싶어. 아이들 불러서 같이 만들면 어떨까?"

"몇 명을 불러야 하는지, 양말 외에 실이나 바늘, 솜 등 더 필요한, 엄마가 준비해줘야 할 게 뭔지 메모해서 알려줘. 엄마가 너무 귀찮은 거면 안 된다고 할 수도 있어."

또 얼마의 시간이 흐른 후, 초대하고 싶은 친구들의 이름과 준비물 등을 정리한 메모를 가지고 와서 내게 설명을 했다.

"네가 아이들이 오기 전후에 청소해야 하는 건 알지? 그리고 날짜 정하고 초대하는 것도 네가 해야 해. 초대하는 날 전에 준비물 사러 갈 때 엄마한테 미리 부탁해서 엄마랑 약속 잡는 것도."

"그럼 당연하지. 재미있을 거야."

"그런데 이 모임을 왜, 얼마만큼이나 하고 싶은 거야?"

"한국 학교가 얼마나 다른지, 어려운지 그런 것에 대해서 얘기하고 싶어. 미국 아이들을 깜짝 놀라게 하고 싶다고. 이렇게 아이들을 집에다 불러모으지 않으면 그런 얘기할 기회가 많지 않거든. 한국에서만 살 수 있는 신기한 것이란 점도 자랑하고 싶고."

"좋아. 인터넷 쇼핑을 할 때 캐릭터를 고르려면 시간이 많이 걸리거든. 30분은 걸릴 거야. 언제 하면 좋을지 생각해봐."

"음, 발레 안 하는 날 숙제하고 밥 먹고 7시에 하면 좋겠어."
"그럼 그 시간에 엄마랑 컴퓨터 앞에서 만나기로 약속해."

아이는 잊지 않고 정해진 약속 시간에 내 방에 왔다. 얼굴 가득 행복한 미소를 지으면서. 우리는 함께 30분의 시간을 정해놓고 양말을 고른다. "이 캐릭터 예쁘다. 만들어놓으면 어떤 모양으로 완성될까?" 이런 이야기를 두런두런하면서. 30분의 시간이 역시나 부족하지만, 정해진 시간에 멈추고 결제를 하고 쇼핑 완료.

며칠 후, 양말이 배달됐다. 아이가 느끼고 표현한 행복감과 고마움은 글로 다 표현할 수 없을 정도였다. 처음 인형 만들기 수업 이후 꼬박 두 달이 걸렸다.

내가 아이에게 꼼꼼하게 가르치고자 하는 것은 '아이가 자기가 원하는 것을 스스로 찾아가는 것', '시간을 조율하는 법', '남을 설득하는 법', '포기하지 않는 법'이다. 한마디로 '자기 삶을 스스로 살아가기'다. 아무리 사소한 대상이라도 괜찮다.

나 역시 한국에 오면서부터 아이가 한국의 기념품을 사가지고 가면 좋겠다는 생각을 하지 않은 건 아니다. 하지만 그걸 내가 미리 챙겨줬더라면 아이에게 이 멋진 배움의 과정은 없었을 것이다. 그리고 결과적으로 내가 생각하는 한국 인형이나 먹거리보다 아이는 훨씬 더 멋진 생각을 해냈다.

나는 남들이 보기에 정말 무관심하고 아무것도 챙겨주는 게 없는 엄마다. 굳이 내가 하는 일이라면 아이가 스스로 내게 도움을 요청할 때까지 기다리는 것이다. 아이가 필요를 느끼지 않는 것을 미리 챙겨주는 일은 하고 싶어도 꾹 참는다. 그리고 더 중요한 것은 아이가 남에게는 아무것도 아닌 이런 일을 고민할 수 있는 빈 시간들을 확보해주는 것이다. 아이는 학원도 안 가고, 공부에 대한 부담도 없이 주로 빈둥대며 논다. 양말 인형을 만드는 것보다, 두 달 만에 양말을 획득하는 이 과정이 진짜 살아 있는 체험이라고 생각한다.

아이와 돈
이야기하기

이번 생일 선물로는 뭘 사줄 거냐고 아이가 묻네요.
부모가 돈을 써서 사주는 걸 너무 당연시하는 아이에게
슬슬 경제교육을 시켜보고 싶은 마음이 들어요.

큰아이가 초2, 3 무렵, 매주 금요일은 자신의 장난감을 학교에 가져와서 놀 수 있는 날이었다. 어느덧 여자애들 사이에 유행이 생겨버렸다. 미국 인형 브랜드 중 '아메리칸 걸'이라는 게 있는데, 인형과 일체의 옷, 가구, 헤어소품, 액세서리 등 여자들의 실제 용품 모든 것이 앙증맞고 완벽하게 축소되어 있었다. 인형 한 개가 한국 돈으로 치면 20만 원이고, 옷 한 벌만 사도 5~6만 원이니, 첫 구매할 때 인형 보관 도구, 옷, 신발, 액세서리, 머리 빗 등 필수적인 것만 사도 최소 50만 원을 훌쩍 넘기게 된다.

장난감이랄 게 거의 없이 살아온 아이였는데, 학교에서 아이들의 자랑이 매주 업그레이드되면서 아이가 이 인형이 사고 싶어진 것이다. 누구는 어떤 인형이 있고, 무슨 옷과 무슨 소품들이 있다, 누구는 이번 주에 새로운 무엇을 사왔다는 식으로 부러워했다. 그전에도 이걸 파는 매장에 가서 놀다 오곤 했다. 사실 너무 예쁘고 디테일이 살아 있어서 나도 아이도 그 매장을 돌아다니며 구경하는 것을 좋아했다. 전엔 사서 갖고 싶어 하지는 않았는데, 이젠 사서 학교에 가져가 "나도 이런 게 있다." 하는 걸 보여주고 싶어진 것이다.

아이가 이렇게 완벽하게 갖춰진 장난감을 친구 집에서 봤을 때에는 구경하는 것으로 끝이었다. 장난감 없이 노는 법을 익히면 사실 병뚜껑 하나만 줘도 여기에 눈, 코, 입을 그리고 끈으로 이런저런 물건을 연결해서 사람을 만들거나, 종이를 뭉치고 오려 붙이거나…, 온갖 기상천외한 방법을 써서 놀잇감을 만드는 데에 오랜 시간을 보내면서 논다. 그렇기 때문에 변형과 조작의 여지가 거의 없이 완벽한 인형 장난감은 아이의 놀이 스타일과 어울리지 않는다.

어느 철학자의 유명한 말처럼 "인간은 타인의 욕망을 욕망한다."고 했던가. 아이가 자기 스스로의 선호가 아니라, 다른 아이들이 좋아하기 때문에 그것을 구체적으로 갈망하는 것이 처음이라 신기하고 재미있었다.

내 아이만 갖지 못해서 시무룩한 모습, 다른 아이들이 내 아이에게 대놓고 자랑하는 모습까지 보면 부모의 동물적인 본능으로 당장 내 아이에게도 사주고 싶다. 내 아이 기죽이기 싫은 마음은 자연스러운 것이다. 하지만 인간으로 살아간다는 것은 지금 눈에 보이는 단순한 경쟁에서 남들을 이기고 최고가 되는 것으로만 채워지는 것이 아니므로 한걸음 물러선다.

"정말 사고 싶어?"

"응."

"왜 사고 싶어?"

"예쁘잖아."

"금요일에 학교에 안 가지고 가더라도 사고 싶은 거야?"

"음….''

"네가 저 인형을 갖고 싶은 게 아니라, 네가 갖고 있다는 걸 친구들한테 자랑하고 싶은 거 아니야?"

"그런 거 같은데, 하지만 예쁘기도 하잖아."

"친구들한테 자랑하고 싶은 마음은 어른의 마음이거든. 어른들이 물건 사는 것도 갖고 있다는 것을 남들한테 보여주기 위해서일 때가 많아. 몸이나 발이 자라지도 않는 어른들에게 저 많은 옷이랑 신발들을 어떻게 팔겠어? 그러니까 너도 이제 어른의 마음을 가지게 된 거 같은데…."

"음, 나쁜 거야?"

"나쁜 것도, 좋은 것도 아니야. 그걸 아는 게 중요한 거지."

"알면 어떻게 되는데?"

"글쎄 어떻게 될까? 이번에 한번 해볼래? 니가 직접 알아보게."

"사준다는 거야? 정말, 정말?"

이로부터 첫 인형을 사는 데에 한 달이 넘게 걸렸다. 일단 가격 조사부터 시작했다. 일반 장난감 가게에도 데려가서 마음에 드는 장난감과 인형의 가격을 대조시켰다. 아이는 충격을 받았다.

"엄마, 이 인형은 왜 이렇게 비싼 거야?"

"아무나 못 사게 하려고."

"그게 도대체 무슨 의미야? 왜?"

"금요일에 이 인형 없는 애들이랑 있는 애들이랑 어떻게 달라?"

"새로 산 거 가져와서 막 자랑하고, 부러워하고 그러지. 그게 돈 때문이라는 거야?"

"너도 자랑하는 사람이 되고 싶은 거 아니야?"

"그건 그렇지. 하지만 같이 노는 것도 좋은데."

"그럼 꼭 안 사도 되잖아. 가진 애들 거 빌려서 놀 수도 있는 거니까."

"엄마 말이 맞아. 자랑하고 싶은 거 같아."

"좋아. 그럼 돈을 가장 조금 쓰면서 자랑을 많이 할 수 있는 방법을 찾아보자."

"어떻게?"

"애들이 서로 자랑하고 부러워할 때 효과가 가장 큰 게 뭔지 관찰해봐."

아이는 몇 주 동안 아이들이 노는 것을 관찰하고, 앞으로 뭐가 갖고 싶은지 인터뷰하며 다녔다. 아이의 결론은, 인형의 옷이나 장신구보다는 바이올린이나 악기, 운동 용품, 피크닉 세트와 같은 소품들이 아이들의 관심을 더 많이 끈다는 것이었다.

몇 주에 걸쳐 백만 원 가까이 쓴 것 같다. 첫 주엔 인형과 한 벌의 옷만 사서 학교에 갔다.

"아이들 반응이 어땠어?"

"이미 가진 애들이 너도 끼워줄게, 뭐 이런 분위기."

"거기 끼니까 좋아?"

"음…, 나쁘진 않지."

"기쁘지 않아?"

"기쁘다고까진. 음…."

"자랑은 아직 못했겠네? 그럼 이제부터 자랑할 만한 걸 사보자."

그런 후 아이는 금요일만 기다렸고, 금요일에 학교에서 돌아오고 나면 그다음 목요일 저녁까지 인형은 가방에서 한 번도 꺼내보지도 않았다.

"이번에 산 건 자랑 잘했어?"

"응. 애들이 다 몰려들어서 막 구경하고 싶어 했어."

"좋았겠다."

"조금. 그런데 피곤했어."

"뭐가?"

"몰려드는 애들이 더 재미있어 하는 거 같아."

인형을 사고 나서 친구 집에 초대도 받았다. 이 인형을 가지고 모여서 노는 모임 말이다. 아이는 처음 초대받았을 때 금요일이 한 번 더 생긴 것 같다며 좋아했다. 그런데 다녀와서는 조금 시큰둥했다.

"엄마, 재미없어. 나는 더 재미있는 거 하고 놀고 싶은데, 인형 옷 바꿔 입히고 머리 빗겨주고 계속 그거만 해야 돼."

"자랑 같은 걸 안 해도 되고, 그런 인형을 가진 사람들이 나랑 같은 편이라는 뭐, 그런 느낌도 어른들은 좋아해. '소속감'이라고 하지."

"그게 왜 필요한데?"

"내가 원하는 게 진짜 뭔지 모를 때, 그러면 더 쉽잖아."

"나는 이 인형 싫어. 멍청해 보이기도 하고 무서워 보이기도 해. 사람이랑 똑같은 것도 아니면서 사람인 척 이상하게 웃고 있는 표정이 기분 나빠."

"엄마도 그렇게 생각해. 엄마는 네가 만들어서 노는 노끈 인형, 종이 인형이 더 재미있어."

"응, 그건 중간에 내 마음대로 바꾸면서 놀 수도 있어. 여우도 됐다, 사람도 됐다, 선생님도 됐다."

그렇다. 이 인형 소비 교육 기간에 아이랑 더 열심히 놀았다. 아이가 스스로 만들어가고, 아이가 이끄는 놀이에 열심히 참여해 줬다.

그렇게 일 년이 지나고 인형은 옷장에 처박히고, 아이는 혼자 놀거나, 인형 없는 아이들이랑 놀거나, 다른 아이들이 가지고 온 인형을 부러워하면서 지냈다. 백만 원이나 투자했는데 마무리까지 완벽하게 교육적으로 뽑아 먹어야 했다.

"너 인형 안 가지고 놀 거면 팔까? 그럼 우리 돈 벌 수 있어."

"정말? 좋아!"

아이와 함께 사진을 찍고 중고 사이트에 광고하고 구매자를 만나고 20만 원을 받았다. 아이는 겨우 20만 원을 건진 걸 알고 내게 미안해했다.

"엄마, 미안해. 쓸데없는 돈 쓰게 해서. 엄마는 내가 이런 인형 안 좋아하는 거 다 알면서 왜 사준 거야?"

"사람은 꼭 필요한 데에만 돈을 쓰진 않거든. 사실 남한테 자랑하고, 남이 나를 인정하게 하려고 돈을 쓸 때가 더 많아. 하지만 이건 필요한 물건처럼 눈에 보이는 게 아니라, 잘 알 수가 없어. 그리고 그게 나쁜 것도 아니야. 하지만 자신이 좋아하는 걸 찾을 용기가 생겨야 해. 엄마는 너한테 인형을 사준 게 아니고, 그 경험을 사준 거야."

우리 아이의 진정한 첫 소비 교육의 시작이었다. 이후에도 당연히 나도 아이도 사고 싶은 게 수시로 생겼다. 물욕, 타인의 욕망이라는 달콤한 욕심은 타인과 함께 사는 마지막 날까지 사라지지 않을 것이다. 하지만 아이와 나는 서로 얘기한다. 심지어 내가 뭔가 사고 싶을 때에도.

"아, 너무 좋다. 저거 사면 좋겠다."

내가 이렇게 말하면 아이가 대뜸 되묻는다.

"그래? 왜 좋아? 가지면 뭐 하게?"

"그래. 쩝… 흥, 너무해."

이젠 내가 투정부리는 차례다. 간혹 아이가 물어온다.

"엄마, 우리 집 부자야?", "엄마, 내 친구 ○○네 집 부자야?"

아이가 초등 2, 3학년 때부터 이런 질문을 시작했던 것 같다. 주로 친구네 집에 놀러 갔다 와서 이런 질문을 했다. 친구네서 보고 온 것들을 묘사하면서 말이다.

"엄마, 그 친구 집엔 벽장 하나 가득 보드게임이 있어. 아이들이 타는데 배터리로 가는 자동차도 있고, 인형은 텐트 하나에 다 채워도 모자를 만큼 있고, 책도 벽 하나가 모자라서 얼마만큼인지 모를 정도로 많아. 장난감 가게보다도 장난감이 더 많은 거 같아. 정말 신기해."

"부러워?"

"음… 부러운지 아닌지는 잘 모르겠어. 너무 신기해서. 그 애들은 부자라서 그런 거야? 우리 집도 부자 같은데 우린 아무것도 없잖아."

"네 친구가 부자인지는 모르겠는데, 우리 집이 부자인 건 확실하지."

"그래? 내 친구가 부자가 아닐 수도 있는 거야? 장난감이 그렇게 많은데?"

"우리는 왜 부자라고 생각해?"

"음, 글쎄… 정말 궁금하네. 엄마가 우리 부자라고 했으니까 말해줘. 우리가 왜 부자야?"

이때보다 더 어렸을 때부터 아이가 사자고 조르는 것을 안 살 때 나는 이렇게 말했었다.

"우리는 저런 거 안 사도 돼."

"왜?"

"우린 부자니까."

음식, 여행, 장난감, 옷, 선물 등 아이가 보고 느낄 수 있는 소비 행위에 있어서 우리는 극단적으로 돈을 쓰지 않으니, 아이에게 "돈 없으니까 못 산다."고 말할 수가 없었다. 그리고 돈을 안 쓰고 아이 키우기의 진짜 목적은 돈을 아끼는 것이 아니고, 아이에게 '돈으로부터의 자유', '진정한 충만과 풍요'를 선사하는 것이었다. 따라서 사지 않는 이유가 우리에게 돈이 없기 때문이라고 아이가 생각하게 되는 것은 피해야 했다.

아이가 돈에 대한 관심을 보일 때마다 부자가 무엇인지에 대해 이야기를 나눴다.

"우리가 부자인 이유는 돈이 부족하지 않으니까. 돈이 부족하지 않은 이유는 살 게 없으니까. 친구들이 가진 장난감들 혹시 부러웠어? 너도 사고 싶었어?"

"아니, 가게에 가서 구경할 때는 사고 싶지. 그런데 가게에서만 나오면 뭐가 사고 싶었는지 기억도 안 나. 그리고 가끔 친구네 집 가서 장난감을 가지고 놀면 나만 재미있어 해. 사실 그 애들은 갖고 놀지도 않아. 그러니까 장난감 많은 친구네 가는 건 좋지만, 우리 집이랑 방이 그렇게 복잡하게 물건으로 가득 차서 답답하면 싫을 거 같아."

"돈이 100이 있는 사람이 200만큼 사고 싶으면 100이 모자라잖아. 그럼 그 사람은 가난한 거지. 돈 때문에 사고 싶은 걸 못 사는 거잖아. 하지만 돈이 50 있는 사람이 10만큼만 사고 싶으면 사고 싶은 거 다 사고도 40이 남으니까 부자야."

이런 이야기를 하게 된 것은 약간의 기술적인 팁의 결과다. 아이가 어딘가에서 뭔가를 사달라고 조르기 시작하면 내가 묻는다.

"지금 이 장난감 사고 싶지? 안 사면 죽을 것 같지?"

"응."

"너 며칠 전에 가게 갔을 때에도 뭐 사고 싶다고 막 졸랐거든. 그게 뭐였는지 기억하면 먼저 그거부터 사러 가자."

이러면 90퍼센트의 경우는 절대로 기억을 못한다. 간신히 기억이 나는 10퍼센트의 경우에도 사고 싶은 마음이 이미 사라진 상태인 경우가 많다. 새로 사고 싶은 게 생겼으니. 이런 과정을 몇 번 반복하면 아이가 먼저 이렇게 말하게 된다.

"다른 가게 가면 또 새로 사고 싶은 게 생기겠지? 다 알아."

이런 대화들이 쌓여 부자가 되는 이야기를 한다.

"사고 싶은 걸 참는다는 건 절대로 말이 안 돼. 우리는 사고 싶은 걸 참는 게 아니야."

"그게 무슨 의미야?"

"돈을 쓰고 싶은 게 아니고, 돈을 씀으로 인해 다른 무언가를 원하는 거지. 장난감을 '사고 싶은' 게 아니라, 즐거운 시간을 보내고 싶은 거고, 옷을 '사고 싶은' 게 아니라, 새 옷으로 좋은 기분을 느끼고 싶은 거니까. 아니면 심심한 시간에 지루함을 없애길 원하는 걸 수도 있고."

이런 대화를 하면서 최근에 돈 쓴 경험, 돈을 쓰지 않은 경험을 끄집어내서 평가를 한다. 돈을 쓰고 싶던 게 아니고, 돈을 써서 궁극적으로 원했던 것이 무엇이었는지 말이다. 아이는 신나서 궁리한다.

아이들이 저렇게 어려운 철학적 개념을 이해할 수 있느냐고? 아이들은 좋은 기분을 느끼는 데에 천재다. 돈으로 사지 않고도 단순한 것에서 행복을 느낀다. 단 엄마아빠가 함께 느껴주기만

한다면. 그리고 모든 아이들이 다 철학자다. 특히 어릴수록.

더 정확하게 이야기하자면, 부자에 대해 배우면 돈에서 해방될 수 있다는 확신은 내가 아이들로부터 더 많이 배웠다. 함께 즐거움을 궁리하고, 그 궁리 과정을 즐기는 데에 아이들이 훨씬 빠르기 때문이다. 아이들은 만족의 천재이기도 하다. 그래서 아이를 키울수록 내 소비 욕구와 품목은 더 줄 수도 있다.

아이는 가장 큰 재산, 가장 큰 보석이라는 말의 의미를 이렇게 깨달았다. 아이가 생기기 전까지 나는 결코 부자일 수가 없었다. 재벌 집에서 태어나지 않았으니 뭘 가져도 그냥저냥 수준이었고, 만족과 감사라는 것도 '어쩔 수 없어서 억지로' 하는 것에 가까웠다. 냉정하게 따지면 체념에 가까웠을 것이다. 하지만 돈 안 쓰고 아이 키우는 법을 궁리하면서 내가 부자라는 것을 배우고 느꼈다.

우리 가족이 돈에서 해방되기 위해서 한 결정적 행동은 집값이 싸고 학군이 나쁜 시골 동네로 이사한 것이다. 그곳에서 아이는 다양한 삶의 방식이 있다는 것을 직접 경험하고 놀랐다고 했다. 그 놀라움은 단순히 경제적 계층에 대한 인식에 그치지 않았다.

"엄마, ○○는 돈이 없어서 위탁 육아를 해야 한대. 복지사가 검사하러 오는 날에는 집 치우고 고생이 많대. 일주일마다 공짜 음식이 담긴 상자를 받는대. 그런데 엄마, 그 애는 진짜 얇은 애플 노트북을 가지고 있어. 스마트폰도. 그런 것도 공짜로 받을 수 있는 거야? 그런 거 말고도 얼마나 비싼 건지 알 수는 없지만 정말 쇼핑을 많이 해. 어떻게 그럴 수 있는 거야?"

이에 책 『백만장자 불변의 법칙』(토마스 J. 스탠리, 윌리엄 D. 댄코 지음)에 나오는 에피소드 하나를 소개한다. 이 책의 바탕이 된 연구를 위해 미국 부자들을 초대해 집단 인터뷰를 했다. 연구를 이끄는 대학교수들과 대학원 조교들은 이 '특별한' 손님들을 위해 값비싼 와인과 고급 식사를 준비했다. 그런데 준비한 와인 리스트를 알려줘도 아무도 와인을 마시지 않았다. 그러다 한 손님이 머뭇머뭇 물었다.

"혹시 버드와이저 있나요?"

버드와이저는 미국에서 가장 대중적이고 저렴한 맥주 중 하나다. 그러자 다른 손님들도 너도나도 저렴한 메뉴들을 요청하기 시작했다. 연구 스태프들은 밖에 나가서 지극히 서민적인 음료와 음식들을 새로 날라야 했다. 인터뷰가 다 끝나고 남은 값비싼 와인은 손님들보다 가난한(?) 대학교수들의 차지가 됐다.

이 책은 부자들의 소비가 평범한 사람들이 예상하는 것보다 훨씬 검소함을 대규모 연구로 보여줬다. 부자는 흥청망청 돈 쓰는 사람이라는 미디어의 이미지와는 달리, 여러 나라의 수많은 통계 역시도 이 책의 연구 결과를 뒷받침한다. 부자들은 더 오래 일하고, 가진 재산에 비해 더 적게 소비한다.

그렇다면 나는 아이에게 검소한 사람이 부자가 되고, 가난한 친구가 쇼핑을 하는 것은 옳지 않다고 가르쳐야 할까? 소비 행위, 물건에 대한 욕망이 나쁘다고 가르치고 싶지는 않다. 왜냐하면 인류는 그런 것들을 통해 아름다움, 창의성을 발휘하고 문화를 꽃피우는 데에 기여한 부분이 많기 때문이다. 깊은 맛을 내는 와인과 예술에 버금가는 음식 문화를 향유하는 것이 더 나쁘거나 좋다는 확정적 판단을 하는 것은 내가 원하는 바가 아니다. 다만 문제는 돈과 부를 개인적인 도덕과 능력으로 연결시키는 일이다. 그것을 중학교 2학년 아이에게 어떻게 생각할 거리로 전달할 수 있을까?

"미국에 살던 어떤 원주민 부족은 어떻게 해야 부자가 되는지 알아? 주기적으로 잔치를 벌여서 자기가 가진 것을 사람들에게 다 나눠주는 거야. 거의 아무것도 가진 게 없어질 정도로. 그러면 거기에 초대받은 사람들은 질투를 느끼지. '나도 부자가 될 거야.' 그래서 자기도 잔치를 벌여. 그리고 더 많은 것들을 나눠주고, 그것도 모자라 막 버리는 거야. 그렇게 경쟁을 하는 거야."

"우와, 정말? 착한 사람들이네."

"아니, 그게 아니야. 우리는 상상하기 힘들지만, 그들로서는 경쟁을 하는 거야. 우리 속담에 사촌이 땅을 사면 배 아프다고 하잖아. 그것처럼 그 사람들은 옆집 사람이 없애기 잔치를 벌이면 그게 배 아픈 거야. 나도 부자라고 뻐기고 싶은 거라고."

"왜? 어떻게 그럴 수가 있지?"

"그 부족이 살았던 땅이 비옥하고 기후도 적당해서 굶어 죽을 걱정이 없었나 봐. 모두들 기본적으로 배부르게 살 수 있으니까, 그 반대로 경쟁해야 하지 않았을까?"

"지금 부자라고 하는 건 지금만 그렇게 생각한다는 거야?"

"바로 그거야. 하지만 바뀌지 않는 사실은 인간은 어떻게든 경쟁을 하고, 누가 누구보다 더 나은지 정하고 싶어 한다는 것이야. 그 구체적인 기준과 규칙은 다 다르겠지만 말이야. 우리가 사는 세상의 규칙은 돈인데, 그것도 자본주의가 정한 돈이지."

"그건 뭔데?"

"바로 네가 이상하다고 생각한 거. 가난한 사람들이 소비를 더 많이 하고 부자들은 돈을 안 쓰는 거. 그 사람들이 도덕적인 문제가 있거나 더 훌륭한 사람이어서 그런 건 아니야. 자본주의가 생기기 전에 왕들이 지배할 때는 유럽이나 우리나라 상류층들이 더 많이 소비를 했거든."

"뭐가 다른 거야?"

"옛날엔 돈이 여러 물건들 가운데 하나였어. 물물교환 알지? 그걸 좀 더 간편하게 하기 위한 물건이었지. 그런데 우리가 살고 있는 세상에서 돈은 교환의 수단이 아니라, 미래 시간에 대한 투자가 되어버렸어. 집을 생각해봐. 아무리 작은 집도 억을 넘어가는데, 그렇게 많은 돈을 보고 만진 사람은 아무도 없거든. 하지만 더 비싸고, 너 많은 돈은 어디에선가 계속 숫자 0을 늘려가고 있어. 그렇게 부자가 되는 거야. 돈이 돈을 증식할 수 있다는 규칙을 정했거든. 부자들은 돈을 미래에 증식시키는 데에 온 힘을 쏟아야 하니까 소비에는 사실 별 관심이 없는 거야."

"우리는 그럼 뭐야? 소비를 하지도 않고, 그렇다고 부자처럼 살지도 않잖아."

"부자들의 궁극적인 관심이 돈을 더 늘리는 것은 아니라고 생각해. 한평생 신나게 써도 무한히 남을 만큼 벌어도 계속 버는 걸 보면 말이야. 돈이 돈을 증식하는 원리는 이자거든. 이자가 뭐야? 시간이잖아. 결국 시간을 사는 거야. 오늘 100원 빌리면 나중에 갚을 때에는 더 큰 돈이 되는 거. 그래서 엄마는 시간을 어떻게 쓰고 싶은지 그걸 생각해보기로 한 거야."

"그게 무슨 말이야?"

"시간을 쌓아서 돈으로 만들면 그렇게 누구나 인정하는 부자가 되는 건 사실이야. 이 사회에서 태어난 이상 누구나 해야 되는 일이기도 하고. 하지만 그것도 정도라는 게 있는 거 같아."

"그건 뭔데?"

"그건 엄마가 딱 가르쳐줄 수가 없어. 엄마도 어느 정도가 좋을지 계속 궁리하면서 살아가거든. 너도 이제부터 너의 궁리를 시작하면 돼."

"너무 재미있는 이야기라서 다 알 것 같은데, 또 생각해보면 아무 얘기도 못 들은 거 같아."

"사실 엄마도 그래, 하하. 너한테 뭘 가르치기보다는 돈에 대해서 궁금해하길 바라. 열린 마음으로 말이야. 이 세상에 대해서 아주 많은 걸 생각해볼 수 있어."

자본주의 경제학 입문서를 펼치면 다 나오는 내용이지만, 그것들을 아이와 함께 고민하고 이야기하고 싶었다. 사실 나는 자본주의를 반대하지도, 찬성하지도 않는다. 그럴 수가 없다. 이유는 그렇지 않은 사회에서 살아간다는 것이 어떤 것인지 도무지 상상할 수가 없기 때문이다. 아이에게 무언가를 가르친다기보다는, 이런 대화를 함께 나누는 것만으로도 조금 다른 생각을 할 수 있지 않을까?

한 걸음 더

▲

질문 가끔 저는 물질적으로 자유롭지 못한 걸 정신적으로 여유롭다고 착각하곤 해요. 혹시 비슷하지 않으세요?

답 저도 그래요. 당연히 물질적으로 자유롭지 못하죠. 사실 정신적으로 여유로운 것도 아니에요. 이 두 가지를 엮으면 착각할 수도 있어요. 그런데 저는 사람과 사람이 함께 살아가는 것, 부자와 빈자의 구분, 자유의 개념 자체가 착각인 것 같아요. 인간은 착각에서 자유로울 수 없지만, 착각을 인식할 수 있는 독특한 능력이 있다고 생각해요. 그걸 아이와 함께 나누고 싶었어요.

질문 글을 읽고 아이가 어린 나이에 가지고 싶은 것이 있으면 울고 떼도 부리는 게 맞을 것 같은데, 너무 어린 나이에 철학적으로 부자와 빈자를 가르치고 싶지는 않다는 생각도 들어요. 아이에게 정신 승리를 가르치는 느낌, 혹은 허전함을 심어주는 것 아닐까 싶어요.

답 그럴 수도 있어요. 사실 아이에게 제가 어떤 의도를 가졌든 그 의도가 정확하게 전달된다는 보장은 없어요. 하지만 아이들 각자 받아들일 수 있는 나이와 상황이 다 다르다고 생각해요.
내 아이가 새로운 이해, 사고방식을 받아들일 수 있는 호기심을 보이는지, 그 준비가 되었는지 잘 관찰하려고 노력해요. 그건 아이마다 다섯 살일 수도, 스무 살일 수도 있어요. 이것도 사람마다의 천성이 많이 작용하는 분야라는 거죠. 나쁘게 말하면 사치스럽고, 좋게 말하면 미적 감각이 뛰어나서 고급스러운 것을 좋아하는 아이들이 있어요. 그런 걸 위해 돈 쓰는 것을 아깝지 않게 여기는. 반대로 나쁘게 말하면 쪼잔하고, 좋게 말하면 검소한 성품의 아이들도 있어요. 자신의 천성을 알면서 거기에 맞는 소비 교육이 필요하다고 생각해요. 얼마만큼 써야 한다, 저축해야 한다 그런 정답이 있는 것이 아니죠. 천성과 형편, 욕망을 조율하는 경험을 말하는 거예요.

사물의 교육,
아이에게 주는 자유와 훈육

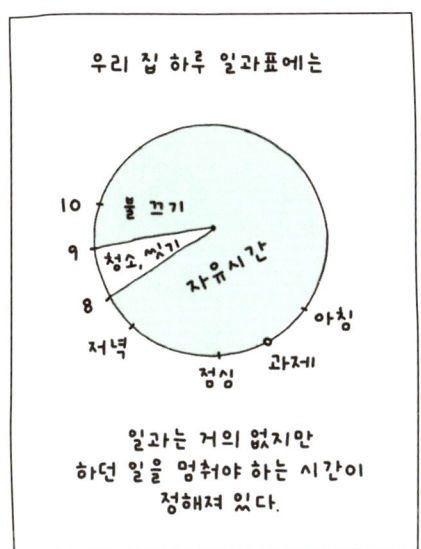

부모는 관객이다

화나 혼을 내지 않고 육아를 하고 싶지만,
그렇게 되면 아이가 너무 버릇없이 자랄 것 같아 걱정입니다.
그렇다고 혼내면 주눅이 들거나, 오히려 반항하게
될 것 같기도 하고요.

초등학교 때 내 꿈 가운데 하나의 모델이 되었던 전래동화가 있다. 같은 마을에 사는 두 친구가 있었다. 가정이 화목하고 무슨 일을 해도 잘되는 친구를 부러워하던 다른 친구가 그 비결을 물었다. 친구는 대답 대신 "자네 집에 같이 가세. 그리고 내가 시키는 대로 하면 답을 알려주지." 하고 말했다. 집에 같이 가서 친구에게 다음과 같이 하라고 했다.

"이제 자네 아들에게는 외양간의 소를 끌어내서 지붕 위에 올려 놓으라고 하고, 며느리에게는 솥단지를 마당 나무 꼭대기에 걸어 놓으라고 해보게."

친구는 시키는 대로 했다. 그러자 아들은 "아버지, 무슨 말도 안 되는 소리를 하시는 거예요."라며 불평을 했고, 며느리 역시 못 들은 척 대꾸도 하지 않았다. 친구는 "이번엔 우리 집에 같이 가세." 하며 앞장섰다. 집에 도착한 친구는 자신의 아들과 며느리에게 똑같은 일을 시켰다. 그러자 아들은 외양간으로 들어가고, 며느리는 부엌에서 무거운 솥을 끌어내기 시작했다.

내 꿈은 내가 엄마가 되었을 때 이런 가정을 갖는 것이었다. 부모님이 연장자이기 때문에 복종하는 것을 말하는 게 아니다. 설사 아들이나 손주가 똑같은 부탁을 해도 할아버지가 기꺼이 외양간에 들어가는 그런 가정을 말하는 것이다. 주변에서 비슷한 가정을 찾아봐도 없었다. 화목하고 모든 면에서 모범적인 가정을 봐도, 그것은 나의 꿈이 아니었다. 사실 내가 꿈꾸는 것이 정확하게 무엇인지는 분명하지 않았다. 그저 좋았다. 내가 소를 끌어내는 아들이 되어도, 소를 끌어내라고 명령하는 아버지가 되어도 좋을 것 같았다. 왜 그런지는 전혀 몰랐지만 느낌으로 말이다.

그러다가 1990년대 말 외환 위기로 가족 붕괴가 문제시되던 시기, 나는 좀 더 구체적으로 나의 꿈을 이해하게 됐다. 실직한 가장이 그 사실을 가족에게 고백하지 못해 양복을 입고 아침마다 출근하는 척을 하기도 했다. 혹은 실직한 가장이 집에서 지내면서 갈등이 격화되기도 했다. 돈이 큰 문제였지만, 정작 한국 전쟁 전후처럼 먹을 식량이 부족할 정도의 절대빈곤이 문제였다기보다는 가부장적 구조에서 고정된 가장의 역할을 더 이상 수행하지 못하는 것이 문제를 더욱 악화시켰다. 내가 꿈꿨던 가정은 가족 구성원 각자가 자신의 역할로부터 자유로운 것이었다. 가족을 위해 돈 벌고 옳은 기준을 관리하는 가장의 역할을 영원히 맡아야 하는 것이 아니라, 어느 날 소를 지붕에 올려 놓으라는 아이디어를 내거나 돈을 벌다가 안 벌어도 변함없이 그 사람 자체의 고유성으로 인정받는 그런 가정 말이다.

이런 가정을 어떻게 만들어야 하는지는 여전히 알쏭달쏭했다. 그러다 큰아이가 두 돌 무렵 장 자크 루소의 『에밀』을 처음 만나고 나는 그 실마리를 찾았다. 오랫동안 찾으면서도 포기하고 있던 바로 그 방법이었다! 충격을 받았지만, 전혀 이상하지도 이해하기 힘들지도 않았다. 실제로 그 책은 술술 읽혔고, 그 자리에서 나는 개종을 했다.

그리고 그날부터 『에밀』의 원칙을 내 가정에 적용하기 시작했다. 간단한 논리라서 이해하기도 쉬웠고, 실천이 어렵지도 않았다. '이런 상황에서는 이렇게 저렇게 말하고 행동하라.' 같은 복잡한 상황 단계별 대처도 아니었고, '아이를 사랑하고 이해하리.'와 같이 구체성 없이 애매한 조언도 아니었다.

『에밀』은 수백 년 동안 각기 다른 시대적·사회적 맥락에 따라, 또 개인의 상황에 따라 다양하게 해석되어왔다. 이런 학술적·철학적 해석에 기대지 않고, 내가 꿈의 가정을 꾸리는 데에 적용했던 한 부분은 바로 '사물의 교육'이다. 이는 한마디로, 훈계 대신 사물을 경험함으로써 배운다는 것이다. 훈계를 하지 않는다고 해서 방임하거나 아이를 제멋대로 하게 둔다는 뜻이 아니다.

그렇다면 사물 자체를 경험하게 한다는 건 무슨 뜻일까? 훈계나 방임은 훈육자, 그러니까 주로 부모 등 어른의 뜻이 교육의 중심에 있다. 그러나 사물 자체에 대한 경험은 고정 불변하는 것에 대한 인식이다.

단순한 예를 들자면, 우리 앞에 벽이 있을 때 그것은 사물이다. 벽을 뚫고 나아가겠다는 생각은 하지 않는다. 벽이 아니라, 문을 통해 벽 밖으로 나아간다. 그렇다고 벽이 내 앞을 가로막았으니 자유가 억압당했다거나 벽에 굴복했다는 생각이 들지는 않는다. 아이에게 무한의 자유가 주어지지만 벽으로서의 제한을 가르친다는 개념이 바로 사물의 교육이다.

훈육자는 사물의 경험을 인도하는 사람이지, 아이의 자유를 허용하거나 막는 존재가 아닌 것이다. 이렇게 자란 아이는 훈육자의 때에 따른 변덕, 혹은 다른 훈육자의 다른 교육 방침에 얽매이지 않는 스스로의 힘을 기르며 자라게 된다.

그래서 나도 아이들을 혼내지 않는다. 우리 집 교육관은 '아이들이 하고 싶은 것은 할 수 있으면 하게 두고, 안 되는 것은 안 된다.'이다. 옳고 그름은 어떻게 가르치느냐고? 아이들이 혼낼 일을 하지 않느냐고?

우리 집 아이들이 부모에게 혼나지 않는데도, 따지고 보면 엄격한 제한을 받게 되는 예를 들어보겠다. 큰아이가 한국의 학교에서 6학년을 보내는 동안, 쿠키를 굽는 데에 열을 올렸다. 연기학원에서 만난 새 친구와 선생님들에게 선물하기 위해 완벽한 쿠키를 굽고 싶어 한 것이다. 한국에서 우리가 기거하는 할머니 댁에서는 아무도 베이킹을 한 적이 없었으니 밀가루, 거품기 같은 기본적인 것부터 준비해야 했다. 나는 아이에게 미리 말했다.

"친구들에게 선물하고 싶다면 빵집에서 사다가 주는 방법이 더 좋을 수도 있어. 이 집 상황에서는 네가 원하는 수준의 선물을 만들려면 재료, 도구 준비도 쉽지 않고, 너무 많은 재료와 도구가 필요한 레시피는 선택할 수 없거든. 네가 단지 몇 번의 쿠키를 굽게 해주기 위해 그 모든 것을 사주지는 않을 거야. 그리고 여기는 우리가 그런 걸 파는 가게를 잘 아는 동네도 아니니까."

"그래도 직접 만들고 싶어."

"모든 일이 그렇지만, 모든 것이 기대한 대로 흘러가지 않는다는 거 알지? 특히 이번엔 더 어려울 거야."

"알겠어."

레시피를 확정하고 재료와 도구를 사는 데에만 일주일이 걸렸다. 나도 힘들었다. 매일 아이와 서점, 마트, 문방구, 주방용품점을 몇 군데씩 헤매고 다녔다. 심지어 흔한 재료인데 재고가 없기도 했다. 아이가 나를 재촉하는 일이 잦아졌다. 그러다 마지막 아이템인 바닐라오일에 이르렀다. 대형마트를 세 군데나 갔는데, 천연향은 없고 화학성 합성 착향가루뿐이다.

"이건 사지 말자. 다른 재료는 다 좋은 걸로 사서 힘들게 구울 건데, 이런 합성향을 넣으면 공장에서 만든 봉지과자 냄새가 날 거야. 차라리 바닐라 향 없이 그냥 굽는 게 나아. 인터넷에서 찾아볼 수는 있을 텐데, 우리는 인터넷 쇼핑 계정도 없으니. 아빠가 몇 달 후에 미국에서 가지고 올 때까지 기다리든지."

아이는 짜증난 표정과 어투가 역력하다.

"엄마가 여기 있을 거라고 했잖아."

이 포인트가 훈계가 이뤄져야 할 지점이다. 대신 나는 사물의 교육을 말한다.

"이 쿠키는 네 마음대로 굽기로 결정한 거야. 엄마는 너를 도와주느라 일주일 내내 힘들었고. 그리고 네 스스로 무슨 일을 하든 언제나 예상치 못한 지연, 실패, 장애가 생기는 건 당연해. 엄마는 바닐라 향에 대해 네가 현실적으로 선택 가능한 걸 알려준 거야. 아무것도 마음에 들지 않는 선택지에서 고르는 과정도 재미의 일부야. 그게 재미없으면 그냥 완제품을 사야지."

나는 태연하게 사물의 법칙을 알려준다. 아이는 바로 태도를 고친다.

"엄마, 내가 힘들어서 잠깐 깜빡했어. 인터넷 찾아볼게. 되나 안 되나 좀 더 기다려보지 뭐."

우리 아이들은 절대 혼나는 일이 없지만, 대신에 사춘기라고 부모에게 짜증을 내거나 말대꾸를 하는 일 역시 없다. 아이들이 특별히 착한 것도, 우리가 유난히 엄하거나 너그러운 것도 아니다. 부모는 사물이 허락하는 한 아이를 도와주려는 마음밖에 없는 사람이니까, 그런 부모에게 화를 낼 일이 안 생기는 것이 자연스러울 뿐이다. 물론 '사물의 교육'이 아닌, 부모의 억지를 아이에게 강요하는 일도 없다. 가령 인간으로서 나조차 실천하지 못하는 일들, 예를 들면 '공부 열심히 하는 일', '하고 싶은 일을 알고 그 목표를 향해 사는 일', '동생이랑 언제나 사이좋게 지내는 일', '언제나 밝고 명랑한 표정 짓는 일' 등에 대해서는 오로지 아이 마음대로 하게 둔다. '아이 마음대로'이지만 어떤 경우에도 '사물의 교육'은 변함이 없다.

'언제나 좋은 기분이어야 한다.'는 규칙이 어떻게 이 '아이 마음대로'와 '사물의 교육'이 함께 적용되는지 예를 들어보겠다.

둘째가 다섯 살쯤, 가족 나들이에 나섰다. 아이가 특히 좋아하는 레스토랑과 서점에 가기로 했다. 그런데 차에 타자 따가운 여름 햇빛이 차 안으로 강하게 비쳤다. 해가 낮고 강하게 비치는 시간대라 어느 좌석이나 사정은 마찬가지였다. 아이는 마구 화내기 시작했다. 모자를 건네주기도 하고, 옷으로 차 창문을 가려서 햇빛을 막는 방법 등을 알려주었는데, 그래도 별 효과가 없자 더 화를 내면서 소리를 질렀다. 그래서 내가 태연하게 말했다.

"네가 그렇게 소리를 지르면 우리 식구가 다 같이 차를 타고 갈 수가 없어. 네가 참을 수 없다면 우리는 나들이를 가지 못하고 바로 집으로 돌아가야 해."

아이는 몇 초 참다가 다시 소리를 질렀다. 우리는 바로 조용히 유턴을 해서 집으로 돌아왔다. 아이는 돌아와서 "가고 싶다."며 울부짖었다.

"엄마도 가고 싶었어. 하지만 한 명이 소리를 지르는 차 안에서 먼 길을 갈 수는 없어. 너 때문에 우리 모두 실망했지만, 널 혼내지는 않을 거야. 우린 가족이니까."

아이는 한참 울다가 "나 때문에 못 간 거 정말 미안해. 그런데 다음에 똑같은 상황에서 다시 생각이 날까? 참아야 한다는 거 말이야. 너무 빛이 따가워서 막 소리를 지르지 않고는 참을 수가 없었어."라고 했다.

"엄마가 앞으로 발생할 수 있는 결과에 대해, 그리고 네가 할 수 있는 일들과 참을 수밖에 없는 상황에 대해 이야기해주는 걸 이제부터 믿으면 돼. 그래도 소리가 지르고 싶으면 오늘처럼 집에 돌아오면 되지. 아무도 너를 비난하지 않잖아. 우리가 놀러 가는 날 매번 그 정도로 햇빛이 강하지는 않겠지."

"맞아."

우리가 싫든 좋든 변할 수 없는 사물은 '반드시 계획한 가족 나들이를 가야 한다.'는 것이 아니라, '다른 가족들에게 피해 주는 행동을 하면 다른 가족들도 함께 즐거움을 포기해야 한다.'인 것이다. 아이를 달래거나 혼내서 나들이를 강행하는 것은 나의 뜻일 것이다. 나의 뜻이 아니라, 변함없는 사물의 법칙은 '나들이는 가족이 모두 즐거운 시간을 보내야 의미가 있다.'는 것, '가족 중 누군가 어떤 이유로든 기분이 나쁘다면 다 함께 그 이유를 존중한다.'는 것, '누구든 기분이 나쁠 자유가 있다는 것'을 교육했다.

'사물의 교육'은 부모인 내가 일방적으로 아이에게 기준과 의무를 부과하는 것이 아니다. 우리 가족이 함께 사는 것이 모두에게 즐겁기 위한 사물의 법칙을 찾아나가는 과정이다.

이 법칙은 남편과 나 자신에서부터 시작됐다. 큰아이가 아기였을 때 남편의 퇴근 시간은 자정을 넘기기 일쑤였다. 아기는 아침 일찍 일어나서 아빠랑 놀고 싶어 했다. 남편은 밤늦게까지 일하고 왔으니 깨우지 말라고 부탁했다. 남편에게도 사물의 법칙을 알려줬다.

"당신은 왜 일하는 거야? 우리를 위해 돈을 벌기 위해서? 아니면 당신 자신의 재미나 보람을 위해서?"

"둘 다야."

"우리를 위해서 일하지는 마. 그건 우리 가족이 함께해야 할 이유가 전혀 아니야. 나나 아기가 돈이 필요해서 당신을 필요로 하는 게 좋아? 그러니까 전적으로 일은 당신 자신을 위해서 하는 거야. 그건 당신 자유야. 하지만 당신은 우리를 위해 일하는 게 아니니까 가족으로서 아무것도 하는 게 없는 거야. 그건 분명한 사실이야. 그걸 알고서 하고 싶은 대로 해."

"그럼, 내가 돈 안 벌면 뭐 먹고 사는데?"

"그건 지금 걱정 안 해. 자기가 돈을 안 번다고 해도 우리가 굶어 죽지 않을 다른 방법이 있을 거라는 것만 알아."

그때부터 남편은 새벽 서너 시까지 술자리를 하고 퇴근해도 꾸벅꾸벅 졸면서 꼭두새벽부터 아기와 놀아주고 기저귀를 갈았다. 그러다가 10여 년이 지나고 자기 일이 더 이상 스스로에게 재미없어졌는지 회사를 그만두겠다고 했다. 경제적으로 아무런 대책도 없이. 그래도 나는 특별히 고민하지 않았다. 대책이 있어서가 아니다. 우리 가족이 마음대로 할 수 없는 사물의 법칙과 우리 각자의 자유를 조율하겠다는 생각뿐이었다. 대여섯 시간 밤을 새며 남편을 말리는 동안, 우리는 남편의 수입이 끊기는 일에 대해서는 이야기하지 않았다. 남편이 정말 일에서 재미를 못 느끼는지에 대해서만 이야기했다. 돈 문제 해결은 아이들에게서 왔다. 5학년을 마치고 방학 기간이었던 큰아이에게 말했다.

"아빠가 돈을 안 버니까 더 싼 시골집으로 이사 가고, 너도 시골 학교로 전학 가야 해."

"아, 그래? 그러지 뭐. 그런데 미리 말해줬으면 친구들한테 작별 인사라도 했을 텐데. 뭐, 괜찮아. 개학하면 한 번 다시 와서 인사하고 싶은 아이들을 만나도 되지?"

그때까지 살던 교외 중산층 지역에서 시골 백인들만 있는 깡촌으로 이사 간다는 사정을 설명해줬다.

"괜찮겠어?"

"응, 적응하는 데에 엄청나게 힘들다는 건 알지만, 결국엔 괜찮아질 거야."

"어떻게 알아?"

"안 괜찮아지면 어쩔 건데? 어떻게든 결국 괜찮아질 길을 찾을 거야. 그게 지금은 몰라도 우리 가족이 다 함께 가는 거니까 같이 방법을 찾겠지. 그게 뭘까 약간 기대되기도 해."

시골로 이사 가면서 생긴 집값 차액과 대폭 줄어든 생활비로 우리는 어떻게든 버틸 수 있었다. 우리 가족 모두가, 쓰지 않아도 되는 돈에 대한 연구와 토론, 실험을 해갔다. 우리가 생각한 것보다 생활비는 훨씬 조금 들었다. 아이가 직접 돈을 벌어오지 않아도, 아이의 적응력 덕분에 우리는 어려운 결정을 쉽게 내렸다. 돈은 꼭 가장이 직접 벌어오지 않아도 우리가 함께 버는 셈이다.

이렇게 간단한 일들이 막상 일상적인 기준에서는 전혀 간단하지가 않다. 우리 아이들은 부모의 말에 토를 달지 않는다. 시키기만 하면 소를 지붕 위로 끌고 올라갈 기세다. 공부하라는 소리도 하지 않고 떼를 써도 혼내지 않고 내버려두지만, 동시에 아이들은 엄격한 규율에 시달리는 독재 국가의 국민보다 더 말을 잘 듣는다. 주위에서는 아이들을 너무 강제하는 것 아니냐고 하기도 하고, 반대로 너무 공부를 안 시키고 자유롭게 기른다며 걱정하기도 한다. 사실 나도, 심지어 아이들도 우리가 과한 강제와 과한 자율 중 어느 쪽인지 잘 모르겠다.

학교 공부의 예를 들어보겠다. 초등학교를 다니는 둘째가 말했다.

"엄마, 내가 우리 반에서 책을 제일 잘 읽어. 내 읽기 점수가 5학년 애들보다 높은 수준이래."

"읽기 점수는 어떻게 받는 거야?"

책을 읽고 미리 준비된 독해 객관식 문제를 풀어서 정답에 따라 점수를 받는 것이란다. 아이가 읽었다는 책을 놓고 대화를 나누면서 아이의 독해력 이해도를 테스트해봤다. 예상한 대로 아이의 독해력과 시험 점수는 일치하지 않는다. 나는 읽기를 학교에서 시험으로 점수화하는 모든 행위에 반대하는 사람이다. 독해력은 읽은 양이나 내용의 암기와는 아무런 상관이 없다. 하나의 책을 이해하는 방법은 사람마다 다 다를 수밖에 없다. 이것은 사물의 법칙이다. 책 읽기는 살아 있는 사람과 만나는 경험에 버금가는 일이기 때문이다. 그래서 내가 아이에게 말했다.

"너는 읽기 점수가 좋은 거지, 독해력이 좋은 것 같지는 않은데. 빨리 책 읽고 점수 받으려고 문제에 나올 것 같은 것만 열심히 읽고 외우고, 또 무조건 책을 많이 읽으려고만 하잖아. 네가 그런 시험 치기에 열중하는 거 엄마는 별로야."

"하지만 내가 공부 제일 잘하는 애란 말이야. 내가 책을 제일 잘 읽고 많이 읽는다고."

"그 시험 성적이 좋은 아이일 뿐이지. 그런데 그 시험 성적이 높으면 뭐가 좋은 거야?"

"음, 선생님이랑 애들이 칭찬하고 부러워하는 거."

"네가 그게 좋아서 하는 거라면 그건 네 마음이니까 엄마가 못하게 하지는 않을 거야. 하지만 네가 독해력이 좋고, 책을 잘 읽는다는 생각은 하지 않아야 해. 아무리 많은 사람들이 그렇게 생각해도 사실은 사실이니까. 네가 책을 안 읽어도, 학교 성적이 좋지 않아도 그건 엄마는 상관없어. 다만 네가 책을 잘 읽는다고 착각하는 건 안 돼. 너는 그저 그 시험을 잘 치는 거라고."

아이는 몇 달 동안 점수를 높이면서 계속 자랑을 했다.

"엄마, 내 점수가 전교에서 최고야. 독해력이랑 상관없는 거 알아. 하지만 게임 하는 것처럼 내 점수가 최고라서 기분 좋아."

"그럼, 엄마도 좋아. 점수 따는 기술을 익히는 것도 좋은 거야. 쓸모가 많거든. 책 읽는 건 천천히 좋아해도 돼. 영원히 안 좋아해도 되고, 책을 읽지 않고도 세상을 잘 이해하는 사람도 많으니까."

그러더니 점수 이야기를 더 이상 하지 않는다. 그리고 그냥 책을 즐겁게 읽는다. 아이 학교 공부에 신경쓰지 않는 것도 성적을 무시하는 것뿐, 아이의 진지한 배움의 자세를 교정하는 것을 포기하는 것은 아니다.

엄격하다고 하자면 한없이 엄격하고, 느슨하다면 한없이 느슨한 우리 가족의 일상 자체는 『에밀』의 이론을 어느 정도 우리 가족에 맞게 적용한 셈이다. 이 책을 철학 이론으로 읽지 않고, 문자 그대로 교육 방침으로 참고하면 단순한 내용이지만, 따져 보면 모순된 이야기처럼 들리는 경우가 많다.

　우리 가족의 삶의 모습, 우리의 교육 방침도 그렇게 어딘가 이상하다. 바로 그 이상함 때문에 내가 소망했던 꿈이 어느 정도 이뤄졌다고 느낀다. 소를 지붕에 올리는 것처럼, 가능하지도 않으며 혹시 했다가는 집이 무너지는 일을 태연하게 가족이 함께 할 수 있는 그런 이상한 가족 말이다. 가족의 사물의 법칙이란 '가족이 함께한다. 모두가 즐겁게!' 딱 그것뿐인 가족.

　이 모든 게 이상하게 느껴지는 이유가 무엇일까? 아마도 사람의 뜻과 의지가 변할 수 있다는 개념이 낯설어서가 아닐까? 오늘은 아빠가 돈을 벌어오지만, 내일은 또 다른 방법으로 혹은 또 다른 가족 누군가가 벌 수도 있는 것이다. 가족 구성원 개개인은 변화할 수 있는 독립과 자유가 있지만, 그것은 '함께한다'라는 변할 수 없는 사물의 법칙에 근거한다. 따라서 다른 가족 구성원의 희생이나 강제로부터 자유롭다. 변경 불가능한 사물의 법칙과 변경 가능하며 서로에 대한 부채와 희생이 없는 사람의 일, 이 두 가지 사이의 구분이 초래하는 구속과 자유의 모순이 머리로는 이해하기에 어려운지도 모르겠다.

PART 3.

가족 :

'우리'라는
경쟁력

희생하는 엄마 되기를 거부한다

PART 3.
가족: '우리'라는 경쟁력

아이를 위해 이렇게 애쓰는데 아이가 그걸 몰라주거나
아이에게 제대로 받아들여지지 않을 때,
해주면서도 마음이 섭섭하고 속상해요.
아이들이 크면 알아주겠죠?

고등학생 큰아이가 들려준 이야기다.

"엄마, TV에서 연예인들이 김치 담그고 밥 하는 걸 봤어. 너무 힘드니까 갑자기 다들 입을 모아서 하는 얘기가 '우리 엄마들이 이렇게 힘들게 밥해준 거였구나. 너무 고맙다.'라는 거야. 그런데 난 속으로 좀 웃겼어. 왜냐하면 우리 엄마는 아무 고생도 안 하는데 싶어서, 헤헤헤."

나도 같이 한참 웃었다. 실제로 식사 준비, 빨래, 청소 등 모든 집안일을 대강 날림으로 하거나, 안 하거나, 아니면 식구들과 나눠 하기 때문에 우리 아이들은 평생 나한테 고생했다며 뒤늦게 감사하거나 마음 아파할 일은 없을 것이다. 집안일뿐 아니라, 새벽에 아이들 뒤치다꺼리하느라 억지로 일어나지도 않고, 열심히 돈을 벌지도 않는다. 한마디로, 애 말이 딱 맞다. 내가 딱히 아이들을 위해 희생하거나 고생하는 건 하나도 없다.

한참 웃으며 나의 불량 엄마 생활에 관한 예까지 들어가며 딸과 낄낄거렸다. 가령, 내 김치는 배추에 소금, 고춧가루, 액젓, 간 마늘만 휘휘 섞어 비비면 끝이다. 김치속을 만든다거나, 쌀죽을 끓여 넣는다거나, 다른 복잡한 부재료를 넣는 일은 없다. 이마저도 나 심심할 때만 재미 삼아 담근다. 한동안 김치 없이 살다가, 이 알량한 김치를 식탁에 내놓으면 온 식구들이 환호하면서 아껴 먹는다.

"넌 밥 한 숟가락에 김치를 두 개나 얹어 먹었어. 그러다간 김치가 다 없어지겠어."

누가 김치를 필요 이상 많이 먹는지 감시하는 재미도 있다.

"네 말이 맞아. 너는 엄마한테 미안하거나 고마워할 게 하나도 없어. 난 널 위해 희생하거나 참거나 고생하는 게 없거든. 엄미힌대 임마 노릇은 너무 쉬운 일이고 재미있기만 한 일이야."

"응, 그래서 너무 좋아. 나도 나중에 딱 엄마 같이 아이를 키울 거야."

몇 년 전, 북유럽 식 교육과 복지 열풍이 불었을 때 이 독특한 사회의 장점에 대한 찬사뿐 아니라, 일부에선 비난도 있었다. 유행하면서 주로 찬사가 알려졌으니, 반대 지점에 있던 비난 의견을 먼저 소개하겠다. 한마디로 말해, 인간미가 없다는 것이다. 미성년이건 성년이건 국가에서 학비, 생활비까지 완벽하게 제공

되고, 노인 복지 역시 가족의 도움 없이 국가에서 다 해결해준다. 그러다 보니 가족 간의 끈끈한 정이 없고 지나치게 개인 중심의 인간관계가 형성된다는 것이다.

물론 이런 의견에 대한 반박, 즉 북유럽 식 인간관계에 대한 다음과 같은 옹호 의견도 있다. 가족 간의 끈끈한 정이라는 것이 도대체 뭘까? 자기 삶을 희생해서 서로에게 죄책감과 부채감을 씌우는 게 정이고 사랑이란 의미일까? 기본적인 생존을 서로에게 기대지 않고 독립적이고 동등한 하나의 인간으로서 만나 각자의 관심과 개성을 발휘하고 그것을 함께 즐기는 것, 그것이야말로 진정한 사랑이 아닐까?

내 친정엄마는 미국의 우리 집에 올 때마다 몸살에 걸려서 오신다. 아무리 말려도 내가 좋아하는 한국 식재료 반찬 등을 챙기고 짐 싸느라 고생하다가 비행기까지 타고 오면 끙끙 앓으시는 거다. 내가 한국에 가도 마찬가지. 며칠 전부터 음식 장만하느라 내가 한국에 도착할 때쯤엔 아파서 누워 계신다. 그래서 이젠 결국 엄마 집밥은 얻어먹지 않으려고 한다. 무조건 약속을 만들어 밖에 나가서 먹거나, 차라리 시댁에서 지낸다. 고민이든 즐거운 일이든 엄마에게는 절대 말하지 않는다. 내 걱정을 하면서 대신 내 고생을 떠맡아주겠다고 나서시는 걸 말리는 게 더 힘들어지니 말이다. 즐거운 일이 있어도 앞으로 발생할 걱정거리와, 그것을 미연에 방지할 일거리를 기어코 찾아내시고야 만다.

나는 내 아이들이 날 생각할 때 웃음이 나왔으면 좋겠다. 나에게 맘 한편이 불편해지면서 느끼는 감사 대신에 '엄마처럼 인생을 쉽고 즐겁게 살고 싶다.'라고 생각해주길 바란다. 아이들이 내게 빚을 갚아야 한다고 생각하는 대신에 '엄마는 딸을 이렇게 쉽게 키웠으니 운이 좋은 엄마다.'라고 생각해주길 바란다. 아이들이 나를 좋은 엄마라고 생각하는 대신에, '엄마는 나 때문에 정말 즐겁구나. 그러니까 나는 좋은 딸이야.'라고 스스로 자랑스러워하길 바란다. 내 딸이 나의 희생 때문에 눈물 같은 건 흘리지 않을 거라서 나는 참 안심이다.

몇 십 년 전만 해도 자식을 갖는 건 고민하고 선택할 만한 사안이 아니었다. 논리와 합리를 다 떠나서 자식이 없으면 인간으로서 어딘가 부족하다는 생각이 당연시됐기 때문이다. 하지만 이젠 자식을 갖지 않고 시간적·경제적 여유를 갖고 한 분야에 집중하거나, 스스로 만족하는 삶을 사는 것도 충분히 가능한 선택지 중 하나다.

안정적인 수입을 포기하고 재교육이나 재충전의 기간을 길게 갖는 것도 자식이 없어야 용이하다. 아이들의 학군이나 사교육 때문에 값비싼 주거비와 학원비를 감수하지 않아도 되기 때문에 수입의 상당 부분을 자신을 위해 쓸 수도 있다. 다 큰 자식이 노후에 경제적인 지원을 해줄 가능성도 적다. 그건 자식들이 인성이 안되었기 때문이 아니라, 현대 경제 구조가 그렇다. 늙어서까지 부모에게 손 벌리지 않으면 그나마 다행이라고 여겨야 할 판이다. 사랑을 주는 기쁨, 사랑스러움의 가치가 중요하다면 반려동물 같은 대안도 있다. 투자 대비 수익률, 가성비 등으로 따졌을 때 자식을 기르는 일은 리스크가 큰 선택이다.

자식만큼 내 인생 전체를 철저하게 끝까지 구속하는 존재는 없다. 자식을 아직 갖지 않은 친한 지인들에게 진심으로 이야기해준다. 이젠 모든 사람이 자식이 꼭 있어야 하는 시대가 아니니까 신중하게 고민해보라고. 자식이 없어야 누릴 수 있는 자유가 더 잘 맞는 사람들이 분명히 있을 테니 말이다.

그런데 나는 자식 때문에 생기는 구속 안에서 가장 큰 자유를 누리는 종류의 사람이다. 자식을 내 멋대로 키우기 때문에 2차적인 자유를 느낀다. 자식을 잘 기르기 위해 당연히 해야 한다는 것들을 최소화하기 위해 애쓴다. 그러면서 자유를 향해 나아간다. '이중의 역설'이다.

예를 들면, 돈의 경우를 생각해보자. 다들 자식이 생기면 돈을 열심히 벌어야 한다고들 말한다. 그래서 1차적인 구속이 된다. 그런데 자식을 위해 열심히 돈 벌어야 하는 의무를 하지 않으면 돈으로부터 자유를 획득한다. 자식이 없기 때문에 돈 벌 필요가 없던 때보다 더 큰 자유를 누리는 것이다. 이 무슨 뚱딴지 같은 소리일까?

따져보면 자식이 없어도 벌어야 하는 돈이 있다. 좋은 옷도 입고 싶고, 좋은 음식도 먹고 싶고, 좋은 곳에 놀러 가고 싶다. 그런데 자식이 생기고 나서 이 모든 욕구가 저절로 사라졌다. 내가 이렇게 쓸 돈을 아껴서 자식을 위해 쓰고 싶어서가 아니다(이렇게 되면 자식은 구속이 된다). 차라리 무자식인 상태에서 나를 위해 쓰는 게 낫다. 자식과 함께 나누는 시간, 자식을 알아가는 재미, 한 인간의 유일무이한 우주를 관찰하는 행위 자체가 나를 위해 돈 쓰는 것보다 훨씬 재미가 있어서, 달리 돈 쓰고 싶은 관심이나 욕구가 저절로 없어지는 것뿐이다.

지금보다 돈이 더 많다면 애한테 무엇을 더 해주고 싶은지 생각해보았다. 대입을 위해 학원에 보내거나 등록금을 미리 마련해주고 싶은 생각은 없다. 하지만 애가 그렇게나 좋아하는 아이돌 그룹 BTS의 콘서트에 보내주거나, 유럽 곳곳을 보여주고 싶은 마음은 있다. 그렇지만 그렇게 해주지 못한다는 부족한 느낌 자체로 나는, 내가 아이를 위해 나다움을 희생하고 아이에게 맞추는 대신 나다운 사람, 나다운 엄마가 되는 자유를 누리는 거라고도 생각한다. 왜냐하면 이는 아이를 위한 것이 아니라, 대학 교육에 대한 나의 불신, 유럽 여행도 콘서트 나들이도 못해본 나의 아쉬움이기 때문이다. 그 아쉬움과 자식에 대한 희생을 분명하게 구분하는 과정에서 나는 내 자신을 더 알아가게 된다.

자식을 갖든 아니든, 돈을 벌든 아니는 중요한 건 그런 차이들이 아니라, 자유의 느낌이다. '나는 자유롭다.'는 그 느낌은 무언가를 소유하거나 획득하는 것처럼 고정되어 완성되는 무엇이 아니라, 환경의 제한과 나 자신의 부족함에 맞서서 나만의 몸짓을 하는 순간 스쳐가는 과정에 있으리라.

함께 하는 즐거움, 가사 나눔

그러다 가끔, 모두가 기꺼이
한 자리씩 맡아 청소하는 날이면,

가족 구성원으로서 우리 한 사람, 한 사람이
필수적인 존재로 함께한다는 충만감에
기분이 좋아지는 거다… ☺

아이가 하는 건 못미더워서 집안일, 심부름 같은 건
거의 안 시키고 그냥 제가 하는 게 빠르고 편해요.
그러다 보면 해도 티도 안 나고, 끝이 없는 가사노동이 때론
너무 힘들어요. 그래서 돈이 들더라도 도우미나 외식 등을
이용해서 스트레스를 줄이는 게 낫다고 생각해요.

설거지 담당인 남편이 아이들 개학 후 도시락 설거지가 늘어서 힘들다고 어려움을 호소했다. 거의 모든 집안일의 담당은 남편이다. 남편은 자신이 집안일의 98프로를 담당하고 있다고 생각한다. 하지만 이 사람이 모르는 게 있다. 나는 직접 나서진 않지만 집안일 자체를 줄이는 걸 담당한다. 이것이 대체 무슨 뜻일까?

일단 큰아이를 호출한다. 도시락이랑 물병 등을 직접 씻으라며 교통정리를 한다. 큰아이도 상당히 바쁘다. 나의 2차 교통정리, 바로 열 살짜리 둘째 호출. 올여름까지 둘째의 목욕 담당도 역시 남편이었는데, 어느 날 힘들다고 호소하기에 아이에게 샤워기 물 조절에서부터 수온 관리, 얼굴 수건, 발 수건 처리, 헤어드라이어 사용 방법 등을 여러 번에 걸쳐 교육시키고 남편을 해

방시켜줬다. 봄에는 스스로 손발톱을 깎는 훈련도 시켰다. 한 번 발가락에 살짝 피를 보긴 했지만, 현재 목욕이나 손발톱 깎기나 모두 완벽하다. 첫아이를 목욕시키고 위생 관리를 해줘야 할 나이에는 남편이 직장을 다니고 있어서 내가 담당했었는데, 큰아이는 초등학교 1학년 때부터 그 모든 것을 마스터했다. 둘째가 아홉 살까지 늦춰진 것은 전적으로 남편이 담당했기 때문이다. 남편은 훈련 기간에 아이가 엉망진창이 되는 것을 못 견딘다. 선택은 둘 중 하나다. 내 몸이 빨리 편해지고 싶으면 초기에 압축적인 인내를 쏟아 훈련에 시간을 들이든지, 그렇지 않으면 좀 더 길게 아이를 직접 돌봐줘야 하는 것. 나는 남편의 선택을 존중했을 뿐이다.

큰아이가 시간에 쫓기며 물통을 씻고 있었다. 방학 전까지는 큰아이가 동생의 물통까지 씻었다. 그러니 이제는 부엌 싱크대를 자유롭게 이용할 만큼 키가 큰 둘째를 호출한다.

"이제 네가 물통 씻을 수 있겠다. 언니가 동생한테 물통 씻는 법을 가르쳐줘."

큰아이부터 나선다.

"애한테 그거 설명하는 거 힘들어. 차라리 내가 씻을게."

흠, 이건 아니다. 사실 남편이 집안일하는 데에 있어서 나의 중대 역할은 남편 혼자 모든 걸 110프로 처리하지 못하도록 감시하는 것이다. 예를 들면 도서관 책을 빌려오고 반납하는 일, 읽은 책을 모아서 가방에 집어넣고 잊어버리지 않고 도서관에 들고 가는 일과 같은 것을 나는 아이가 하도록 하는데, 남편은 설명하기 귀찮고 못미덥고 안쓰럽다고 이런저런 이유를 대서 본인이 다 해버리려고 한다. 남편은 집안일을 나 몰래 직접 하려고 호시탐탐 기회를 노리고 있다. 남편이야 남편이지만 딸은 내 자식이니까, 나는 아이들이 자기 일을 남들과 나누는 법을 가르치고 싶다. 애들을 가르치려면 초기에 인내심을 가지고 설명해줘야 하고, 처음에 실수하고 못하는 것도 지켜봐줘야 하고, 그로 인한 즐거움도 가르쳐줘야 한다. 그래서 나는 큰아이에게 말한다.

"아니야, 가르치는 것도 연습해야 해. 동생에게 가르쳐서 너의 일을 네가 직접 하지 않고도 전체를 지속적으로 관리하는 것도 연습해야 하는 거라고. 물통 씻는 거 동생이 하게끔 시키는 건 네가 해."

"휴, 알았어."

여기서 매끄럽게 끝날 줄 알았다. 그런데 둘째가 불만이다.

"싫어, 난 내일부터 물 싸주지 마. 물통 씻기 싫어. 난 목 안 말라."

"그래? 넌 목 안 말라? 그럼 언니 물통만 씻으면 되겠다. 언니한테 어떻게 씻는지 물어봐."

"왜? 내가 왜 언니 걸 씻어야 해?"

"왜 안 돼?"

"귀찮아."

중요한 교육적 순간이다. 우리 집 교육 목표 중 개인적 능력 발달에 관한 건 아무것도 없다. 학교 공부, 예체능 학원 같은 개인적 성취는 각자 욕구만큼 하는 것이지 교육할 주제가 아닌 것으로 우리 가족은 합의했다.

농경 사회에서라면 날씨를 미리 읽을 줄 알고, 육체노동을 하는 체력, 작물의 상태에 대한 지식을 가르치고 싶었을 것이다. 30년 전이라면 수단과 방법을 가리지 않고 명문대를 보내려고 했을 것이다. 그러나 지금 우리 가족에게 중요한 미래 가치는, 함께 살아가는 사람들에게 대체 불가한 소중한 존재가 되는 것을 어떻게 일상에서 실천하는지를 가르치는 것이다. 그렇게 함께 살아가는 능력이 생존을 위한 가치가 된다는 것이 우리 가족의 생각이다.

엄청나게 추상적인 이야기다. 하지만 아이를 가만히 바라보고 기다리면 교육의 순간은 저절로 찾아온다. 바로 오늘처럼 "내 물병도 아닌데 언니 거 씻어주기 귀찮다."라고 주장할 때. 물론 지금까지 큰아이가 동생의 도시락 설거지, 부모 외출 시 저녁을 해먹이고 치우기 등을 해왔으니 그 연장에서 찾아온 기회다.

"귀찮아."라고 소리치는 둘째를 가만히 바라봤다. 둘째도 분위기 파악을 하고 말을 시작한다.

"내가 언니 의자도 제자리에 밀어넣어주잖아. 그럼 언니가 나한테 뭐 해주면 물통 씻어줄게."

"아니, 그만해. 귀찮은 거 맞아. 이 세상에 누가 '우와, 물통 씻는 거 재미있고 신나.' 이러겠어? 엄마도 아빠도 널 위해 하는 모든 일들이 귀찮아. 하지만 우리가 함께 있는 게 좋으니까 기꺼이 하는 거야. 너의 일, 내 일, 언니 일, 그렇게 구분하면 정말 귀찮아지지. 네가 나중에 뭘 하기 때문에 대가로 뭔가를 해주는 게 아니야. 음, 생각해보니까 엄마가 너한테 우리가 함께한다는 것의 즐거움을 가르쳐주려고 너한테 이렇게 긴 얘길 하는 것도 귀찮은 일이다. 그만 얘기할래."

둘째는 화난 표정으로 돌아다니면서 쿵쾅거리고 울기도 하고, 양치도 하고, 방 정리도 하고 다닌다. 고집이 하늘을 찌르는 둘째가 앞으로 어떻게 행동할지 가만히 앉아 기다렸다. 몇 시간 지나고 둘째가 편지를 주고 간다.

'미안해요. 내가 씻을게.'

'으잉? 이렇게 빨리?' 맘에 없는 소리는 1도 못하는 고집불통 둘째가 엉엉 울면서 "난 우리 가족 좋아. 대가로 하는 게 아니고 그냥 할 거야."라고 말한다. 둘째를 꼭 끌어안았는데 가슴이 뭉클하다. 큰아이와 다르게 둘째가 자기 생각을 바꾸는 것이 얼마나 어려운 일인지 잘 알기 때문에 마음이 더 짠하다. 그래서 좀 전에 아이를 돌려보낼 때는 아이의 생각을 바꾸겠다는 의도보다는, 무엇 때문에 물통 청소를 시키려고 하는지만 설명하고 끝내려고 했다. 그런데 아이는 성큼 큰 걸음으로 다가왔다.

가사는 아이 교육에 있어서 참 오묘한 대상이다. 엄마가 여기서 에너지와 시간을 소진하지 않아야 그다음에 교육이든 사랑이든 가능해진다. 그러기 위해 가족이 그 일을 나누는 과정은 정말이지 짜릿한 재미를 제공한다. 당연히 입장에 따라 의견 차이와 다툼이 있지만, 그 과정에서 아이들은 자신과 다른 사람이 가진 주장의 차이를 배우고, 이를 해결하는 방법을 배우고, 그 과정에서 즐거움을 배운다.

잔소리와 대화의 차이

PART 3.
가족: '우리'라는 경쟁력

아이가 자랄수록 자기에게 도움이 될 얘기를 해줘도
잔소리라고만 생각합니다. 아이가 더 호의적으로 이를
받아들일 수 있게 얘기하려면 어떻게 해야 할까요?

나는 아이들에게 잔소리를 하지 않고 혼내지도 않는다. 내 딴에는 잔소리라고 하는데, 애들이 계속 듣고 싶다고 하니까 그렇게 믿기로 한 것이다.

고등학교 1학년 때 큰아이가 대학 준비 대신에 연극반 활동을 하며 놀겠다는 선택을 하는 과정에서 남편과 내가 정확하게 똑같은 이야기(잔소리 혹은 대화)를 했다. 아이는 아빠한테 단단히 화가 나서 뾰로통해졌다. 말로는 "네, 네." 하는데 표정은 험상궂어서 "알았어요. 그래서 어쩌라고요? 하라는 대로 하면 되잖아요?" 하듯 수동적인 공격 태세였다. 그러곤 며칠 아빠한테 얼음장처럼 차갑게 대한다. 전형적인 십대 반항. 365일 해피한 순둥이라 질풍노도의 시기를 건너뛰면 뒤늦게 부작용이 있지 않을까 걱정했던 게 우스울 정도였다. 그러고 나서 큰아이가 내게 와서 말한다.

"엄마랑 아빠가 똑같은 이야기를 하는 건 알아. 하지만 아빠한테는 이런 마음이 돼. '도대체 아빠가 뭘 알아? 알지도 못하면서 왜 잔소리야?' 진짜 빡쳐버려. 그런데 엄마랑은 같은 이야기를 해도 이런 내가 막 부끄럽고 더 잘하고 싶어져. 들을 때 당연히 괴롭고 기분이 안 좋지만, 그건 엄마가 아니고 내 자신에 대해서야. 그래서 엄마 얘기는 앞으로도 계속 듣고 싶어. 나도 엄마처럼 말하고 싶은데, 사실 나도 동생한테 말할 때 스스로 이런 생각을 해. 나도 아빠처럼 빡치게 말하고 있네."

아이 아빠가 한 얘기는 이렇다.

"네 꿈이 좋은 대학 가서 대학 생활을 즐기는 거라고 했지? 엄마아빠가 그러라고 시킨 것도 아니고. 그러면서 해야 할 건 아무것도 안 하고 있잖아. 좋은 대학 가고 싶다는 소리를 하지 말든지. 아빠가 노서관이든, 학교 저학년 애들 과외든 봉사 활동하는 거 알아보라고 했지? 학교 상담 선생님 찾아가서 입시 일정이나 필요한 거 알아보라고 한 것, 작년에 네가 원하는 대학에 간 선배 잘 안다니 그 선배한테 연락해보라고 한 것, 올해 연극하고 조정 못하니까 그럼 내년 일정 알아보고 대회에 나갈 수 있는지 알아보라고 한 것, 엄마가 에세이 쓰는 거 전문이니까 연습 삼아서 써보라고 한 것…. 이중 하나도 안 했잖아. 말로만 '좋은 대학 가고 싶어.' 말고 네가 한 게 뭐 있냐고?"

같은 일에 대해 내가 한 이야기는 다음과 같다. 30분도 넘게 주절주절 이야기했다. 길이로만 따지면 애 아빠가 훨씬 짧고 명쾌하다.

"엄마가 오늘 이 얘길 하는 건, 딱 한 가지 이유 때문이야. 엄마 자신을 위해서. 너를 위하고 싶지 않아서가 아니야. 너랑 엄마는 다른 사람이고, 환경도 시대도 다르고, 설사 모든 게 똑같더라도 앞으로 뭐가 더 좋은 것일지 어떻게 알겠어. 마흔 넘은 엄마도 앞으로 내 인생에 뭐가 좋을지 모르는데, 감히 어떻게 너한테 정답을 가르칠 수 있겠니. 하지만 엄마 마음이 좋아지는 건 분명히 알아. 네가 기쁨으로 가득 차서 활짝 웃으면 세상 전체가 나를 보고 웃어주는 것 같아. 그래서 결국에 난 네가 웃을 수 있는 방법이 뭘까, 그 생각뿐이야. 너를 위하는 것 같지만 사실 그건 엄마 좋자고 하는 거란 얘기야. 그러니까 엄마가 뭐라고 말하든 그건 너에게는 정답이 아닐 수 있어. 결국엔 네 마음대로 하는 거야. 너의 인생이니까. 엄마가 옳다고 생각하는 게 뭔지 열린 마음으로 들어봐. 그러고 나서 '엄마가 틀렸어.' 해도 좋아.

엄마가 마음이 너무너무 아팠던 건 네가 연극을 선택하면서 한 얘기였어. 네가 그랬잖아. '엄마, 나 좋은 대학 가려면 뭐 해야 하는지 잘 알아. 그래서 매일 아침에 생각해. 오늘은 열심히 해야지. 그런데 하지 못하고 지나가는 날이 많아. 그럼 기분이 얼마나 더러운지 알아?' 네가 대학을 가건 안 가건, 그 자체는 엄마 일이 아니야. 네가 뭘 하든, 뭐가 되든… 엄마는 그냥 네가 좋으니까. 엄마가 싫은 건, 네 기분이 더럽다는 거야. 나중에 무슨 일을 할지 그런 걱정이나 궁리도 하지 마. 그건 엄마가 살아봐서 아는데, 엄마를 포함해서 마흔 살이 됐을 때 고등학교 시절에 좋아하는 일이나 하고 싶던 일을 하는 사람은 거의 없어. 그걸 어려서 정해놓고 목표를 향해서 열심히 산다는 건 그다지 현실적이지 않아. 그걸 알아가는 게 사는 거지. 영원히 자기가 정말 좋아하는 일이 뭔지 모르고 살아도 괜찮아. 그걸 모르기 때문에 사는 게 재미있는 거 같아. 진심을 다해 정직하게 놀아라, 이 얘기야.

그런데 이게 진짜 어려운 일이야. 왜냐하면 자기 자신한테 정직해야 하니까. 엄마가 지적하고 싶은 너의 틀린 점도 여기에 있어. 너는 '난 좋은 대학에 가고 싶어. 그리고 매일 열심히 할 거라고 다짐해.' 그렇게 생각하면서 제대로 놀지도 않고, 결국 놀긴 하면서 기분이 더러워지는데, 그건 너를 속이는 거야. 무슨 뜻이냐 하면, 기분이 안 좋아지는 게 핑계가 된다는 거야. '나는 노는 게 아니라 중요한 일을 위해 고민하며 노력하고 있다. 그러니까 아무것도 안 하는 건 아니다.'라는 핑계.

냉정하게 말하자면, 너는 좋은 대학에 가고 싶은 게 아니야. 좋은 대학, 좋은 집, 좋은 물건은 누구한테나 그냥 좋은 거야. 그게 싫은 사람이 어디 있겠어? 하지만 이런 걸 정말 원한다는 건 생각이나 고민이 아니라, 행동 자체인 거야. '나는 놀지 않는다.'란 거짓 핑계가 왜 문제냐 하면 '나는 대학 갈 거야.'라면서 다른 기회를 놓치는 거야. 누구에게나 좋은 그런 일이 아니라, 남이 시키든 말든, 돈이 되든 안 되든, 그냥 저절로 하게 되는 그런 일, 그게 무엇인지 알아보는 기회를 놓치는 거라고. 네가 영화배우가 되고 싶다고 했을 때, 엄마가 '그럼, 아무 생각하지 말고 영화를 봐. 실컷!' 그랬더니 네가 차일피일 미루다가 깨달았잖아. '아! 나는 영화 보는 걸 싫어하는구나.' 진심을 다해서 놀아봐야 알 수 있는 거지. 연기 학원 같은 데를 갔으면 절대 깨닫지 못하는 너의 진심 말이야. 학원에서는 그냥 시키는 걸 하면서 '나는 열심히 하고 있어.' 이러고 있을 거 아니야.

게다가 또 하나는 남들이 부러워하는 좋은 대학과 직장이 왜 '너한테도' 좋은 건지 그건 생각해봤어? 남들이 나를 부러워하는 건 분명히 좋은 점이야. 인간의 본능적이고 기본적인 욕구이고. 이걸 허영심이라거나 동물적 욕구라고 무시하는 건 말도 안 돼. 욕구 충족은 생존을 위해서도, 잘 살기 위해서도 당연한 거야. 하지만 인간은 먹고 싶다고 아무렇게 먹지는 않잖아. 좀 더 의미 있고 아름답게 내 자신을 표현하면서 먹을 수 있어. 좋은 대학과 좋은 직장은 남에게 존중받는 한 가지 방법일 수는 있지만, '나한테도' 정말 가장 좋은 방법인지에 대해서는 질문을 해야 해. 너는 이 질문하는 과정을 외면하고 있다고 생각해. 그래서 좋은 대학 가기 위한 행동이 안 나오는거야.

너보고 '공부 안 할 거면 다른 좋아하는 일을 찾아서 열심히 해라.' 이런 얘기가 아니야. 그건 결국엔 공부하란 소리랑 똑같은 거니까. 다른 좋아하는 일을 찾는 건 시키는 대로 학교 공부하고 대학 준비하는 것보다 백 배는 더 어려운 일이야. 하지만 그런 불안, 그런 진실된 자기 자신을 외면하기 위해서 남들이 좋다는 대로 대학 가야지, 하는 건 바보 같은 일이야."

이렇게 한참 얘기했더니 애가 "그래도 나는 좋은 대학 가고 싶다."고 박박 우겼다. 거기에 대해 나는 이렇게 답해주었다.

"흠… 네가 그렇게 말하니까 이런 생각이 드네. 인간은 누구에게나 마조히스트적인 성향이 있대. 네가 대학 가는 준비를 안 하는 건 사실이잖아. 그러면서 걱정은 되는 거고. 그 걱정과 괴로움을 즐기고 있는 거 아닐까? 인간은 자신에게 이익이 되고 행복하고 건강한 것만을 추구하지 않는, 어딘가 이상한 존재거든. 자기 파괴적인 성향 말이야. 누구나 말이지. 네가 그런 괴로움을 즐기고 있다면 그것도 너에게는 자연스러운 거니까 엄마는 좋아. 하지만 분명한 건, 너는 대학 가고 싶다고 말만 하는 거고 스스로 괴로움을 택한 것뿐 네가 무언가를 진지하게 열심히 하고 있다며 스스로 속이지만 않길 바라. 여기까지가 엄마가 너에게 해줄 수 있는 이야기 전부야."

대화 후 아이가 좀 울었다. 큰아이는 태어나서부터 잘 울지 않는 아이인데.

"엄마가 오늘 내 꿈을 와장창 다 깨버렸어. 그래서 싫다는 게 아니고. 그럼 난 이제 어떻게 살아야 하지? 그런 생각 때문에."

"크크, 그게 엄마가 말한 핵심이라니까. 어떻게 살까 생각하는 것에서 고통받지 않는 게 중요해. 왜냐하면 인생은 한 번만 살고 마는 거라, 어떻게 살든 그게 잘 사는 건지, 못 사는 건지는 비교할 수가 없어. 정답인지 오답인지 영원히 알 수가 없다고. 그래서 우린 늘 남들이랑 비교하곤 하지만, 조금만 생각해보면 어떻게 남이랑 비교를 할 수가 있겠니? 모든 사람이 다 다른데. 그러니까 좋은 인생, 바른 인생 이런 거 신경쓰지 말고 내키는 대로 막 살아. 네가 그렇게 맘껏 사는 게 엄마는 제일 좋아. 중요한 건 '사는 거'야. 너만의 삶이니까. 어떻게 살아야 하는지 고민하는 데에 쓸 시간과 에너지를 그냥 사는 데에다 써. 모르면 모르는 채로도 사는 거야. 대신 엄마가 너의 삶을 열심히 봐줄 거고, 너의 삶의 의미를 엄마랑 같이 읽어내면 되잖아."

"엄마랑 이야기를 하면 너무 무섭고 내 자신이 초라하게 느껴지면서도, 마음이 편안해져. 엄마, 고마워. 이런 이야기가 필요했어. 내가 또 이렇게 정직하지 못할 때마다 이런 얘기 꼭 해줘. 그래도 난 여전히 대학 가고 싶어. 이젠 행동으로 해볼 거야."

물론 이러고 며칠이 지나도 큰아이는 만사태평 잘 놀고 있다. 대신 전보다 더 속편하게 노는 것 같다. 그러면서 좋은 대학 가겠다는 생각도 버리지 않은 것 같다. 한국이나 미국이나 입시 지옥은 똑같은데. 나도 내가 해줄 수 있는 건 다 해줘서 마음이 편하다. 그 나머지는 애가 스스로 살아가면서 알 것이고, 나는 아이가 실패와 실망도 자신만의 삶으로 소중하게 받아들일 수 있는 준비를 해준 거니까. 나는 아이가 대학 갈 수 있게 학원, 성적 등을 관리해주는 게 내 할 일이라고 생각하지 않는다.

남편과 나의 메시지는 똑같았지만 의도는 달랐다. 남편은 아이가 대학 가는 것 자체를 준비시켜주고 싶어 한 것이다. 아이의 실망과 실패를 막아주고 싶어서. 대학 가고 싶으면 거기에 맞게 준비를 하든지, 아니면 대학 말고 다른 방향에 대해 준비하길 바랐던 것이다. 나는 아이가 실패했을 때, 아이가 거기서 실패가 아니라 의미를 읽어내는 훈련을 시키기 위한 준비를 해주고 싶었다. 밤마다 남편이랑 애 둘에 대한 뒷담화 잔치가 우리 부부의 즐거움인데, 이날 남편은 말했다.

"저러다가 원하는 대학도 못 가면 어떡하려고 저러냐?"

"그것도 좋은 거지. 자기가 부족하다는 걸 아는 것도 소중한 깨달음 아니겠어? 그때 너무 실망하지 않고, 능력이 원하는 만큼 안 따라줘도 즐겁게 살 수 있다는 걸 배우게 해주면 되잖아, 흐흐."

"당신은 웃음이 나와?"

"응, 난 당사자가 아니잖아. 자기 살고 싶은 대로 사는 걸 구경하는 재미로 부모 노릇 하는 거지, 애 낳아서 내가 나서서 성공시키려는 거면 애를 왜 낳아? 그 정성을 가지고 차라리 내가 직접 성공하거나 코치 같은 직업을 가져서 제자를 기르지. 내 애는 그냥 막 예뻐서 죽겠잖아. 그렇게 귀엽고 예쁜 존재가 세상에 어디 있냐고. 사식 아닌 다른 누군가를 그렇게 예뻐하면 집착증 환자 취급을 받을 거야. 그러니까 맘껏 예뻐해주기만 하면 된다고. 난 내 애가 멀쩡하게 학교 다니고, 말하고, 웃고, 먹는 것만 봐도 장하고 귀여워서 미치겠는걸."

"그럼, 쟤는 나중에 뭐 해먹고 살지?"

"그걸 왜 우리가 걱정해? 본인이 걱정할 때까지 기다려야지. 우리가 먼저 걱정하면 자기가 걱정을 왜 하겠어? 인간은 편하게 살려고 태어난 존재잖아. 스스로 불편해질 때까지 내버려두자."

이렇게 아이들과 겪으면서 정리해본 '아이가 환영하는 잔소리 원칙'이 네 가지가 있다.

첫째, 내가 아이 인생에 대해 무엇이 옳은지 모른다는 걸 진심으로 인정한다. 이건 쉽다. 내 인생을 생각해보면 된다. 물론 그렇게 쉽지 않을 수도 있다. 내 인생을 외면하고 싶어서 자식이나 남의 인생에 참견하고 싶은 게 인간 심리라서 말이다. 어쨌든 내 인생이 나쁘다는 게 아니라, 모든 사람의 인생은 좋은 점도, 나쁜 점도 있고 심지어 뭐가 좋은지 나쁜지 알 수 없는 것이다. 옆으로 기는 게가 자기 자식한테 똑바로 기라고 말하는 이미지를 떠올려보자.

둘째, 첫 번째의 과정을 확실하게 거치면 잔소리를 하고 싶은 마음이 거의 발생하지 않는다. 그래도 말하고 싶을 때는 미리 내용을 구성하고 점검하면서 메모하고 퇴고에 퇴고를 거듭하고 연습도 해보고 거의 다 외우다시피 준비한다. 내가 위에서 기록한 대로 막힘없이 말할 수 있는 건 오로지 준비와 연습 때문이다. 논문 쓰듯이 자료도 찾아보고, 논리적 결함도 점검하고, 반론에 대한 준비, 간결성을 위한 가지치기도 한다. 절대로 말하고 싶다고 그 순간에 말하지 않는다. 거래를 성사시켜야 하는 프레젠테이션, 입사 최종면접을 준비하는 것보다 조금 더 공을 들인다. 왜냐하면 이건 나의 노후 대책이니까. 늙은 부모가 자식들에게 있어서 예절이나 도덕 때문에 이따금 방문해야 마음이 편해지는 그런 부채 같은 존재가 아니라, 성인 자식의 현재에 관한 대화를 하는 상대가 되는 것이다. 이것이 나의 노후 목표다.

셋째, 아이의 말이 틀렸다고 부정하지 않는다. 아이든 누구든 자신의 생각과 주장이 틀렸다는 걸 깨닫는 건 타인의 지적이 아니다. 그리고 그걸 깨닫는 데에도 자신만의 시간이 걸린다. 그 시간을 통해 아이가 성장하고 자신의 삶을 살아가는 것이다. 애가 엄마의 맘대로 안 되고, 내가 보기에 쓸데없는 고집을 부리는 것 같으면 그냥 내버려두자. 그러면서 큰다. 40대 중반인 나도 여전히 그러면서 크고 있으니까. 따라서 이야기의 결말은 언제나 다음과 같다. "이건 현재 엄마의 생각일 뿐이야. 엄마랑 너랑은 경험한 게 다르고, 엄마 자신도 생각이 항상 바뀌는걸. 너의 현재 생각은 분명히 타당한 거 맞아. 하지만 그게 절대로 지켜야 하는 불변의 것이라고 생각하진 않았으면 좋겠어. 그러니까 틀린 생각은 없어. 순간순간 떠오르는 마음의 생각을 소중하게 여기고, 그게 바뀔 때는 또 미련 없이 보내주면 돼."

넷째, '다 너를 위한 거'란 말은 하지 않는다. 잔소리의 말문을 잘 여는 방법은 엄마가 아이를 얼마나 좋아하는지부터 시작한다. "네가 무슨 행동을 하든 엄마는 네가 좋아. 네가 엄마를 화나게 하는 때에도, 신기할 정도로 네가 너무 좋아. 엄마가 너한테 화가 난다면 그건 엄마 고집 때문인 거지, 너의 문제는 아니야. 그러니까 엄마가 너에 대한 이야기를 하지만, 그건 결국 엄마가 어떤 사람인지에 대한 이야기인 거야." 이걸 꼭 말로 해야 하느냐고, 말하기 쑥스럽고 유치하단 생각이 들 수도 있지만, 내 생각과 감정은 언제나 내 안에 있으니 내게만 뻔한 것이지 애들은 말해주지 않으면 모른다. 정말 모른다.

좋은 부모가 아니라,
그냥 부모면 좋아

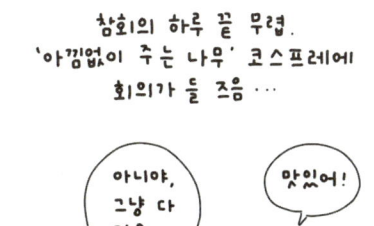

엄마와 아빠의 육아 방식 차이,
일관적으로 통일시켜야 할까요,
아니면 각자 스타일대로 유지하는 게 좋을까요?

아빠로서 남편은, 나나 주변 사람들이 옆에서 보기에 100점 만점에 150점이다. 저런 아빠를 두고 성장하는 것이 부럽다 못해 어떤 느낌일지 궁금할 정도다. 그런데 아이들이 아빠를 평가한 점수는 100점 만점에서 80점 정도다. 반면 엄마로서 내 점수를 예상해보자면, 남들이 볼 때는 10점 정도일 것이고, 남편은 90점 정도를 줄 것 같다. 그런데 아이들은 현재까지 천만 점이라고 해준다.

  점수의 미스터리는 간단하게 풀 수 있다. 평상시 남편은 세상에 그렇게 좋은 아빠가 또 있을까 싶을 만큼 아이들에게 헌신한다. 그러다 가끔 화를 심하게 낸다. 화를 낼 때조차 내가 옆에서 보기에는 아이들이 잘못인 경우가 많다. 그에 반해, 나는 아이를 위해 특별히 희생하고 참는 건 하나도 없는데, 대신에 한 번도 아이들에게 언성을 높이거나 화를 내거나 잘못을 지적하지 않는다. 어떻게 그럴 수 있냐고? 철저한 자기 평가와 약간의 생각의 전환 덕분이다.

인간은 본전 계산이 장착된 존재다. 그리고 나는 평범한 인격을 가진 인간이다. 그러니까 나는 아이한테 화를 참으려는 생각은 애초에 없다. 절대 못 참을 것을 뻔히 아니까. 대신 잘해주고 싶을 때 이것을 해주고 나서 아이들이 전혀 몰라줄 때 억울한 감정이 치솟지 않을지 한 번 더 생각한다. 그렇게 생각해보면, 아이들을 위하기보다는 나의 편의를 선택할 때가 많다. 그러면 저절로 화가 안 난다. 인간은 양심이라는 것도 장착돼 있으니, 해준 것도 없는데 화가 왜 나겠는가.

남편이 둘째한테 심하게 화를 냈던 일화가 있다. 아이가 보드게임을 같이 하자고 졸랐다. 나는 재미나게 책을 읽던 중이리 "엄마가 읽고 싶은 책이 있어서 게임하기 싫은데, 딱 한 게임은 해줄 수 있어. 너를 위해서 그 정도는 참을 수 있어. 그래도 좋아?" 이렇게 말하고 게임을 한 번 해주고서 책을 읽었다.

남편도 피곤한 하루였는데 아이를 위해 억지로 게임을 오래 해줬다. 그런데 아이가 게임에서 지자 아빠한테 마구 화를 내고, 심지어 "아빠가 게임 치워."라고 했다. 아빠를 더 화나게 한 것은, 나랑 게임할 때는 지고 나서도 담담하게 결과를 받아들이고 스스로 치웠다는 사실이다. 아빠가 소리를 고래고래 지르면서 혼내기 시작할 때 나는 속으로 '어이구, 혼나도 싸다.' 싶었다. 그런데 아빠가 분노에 휩싸여서 점점 무섭게 혼을 내니까 아이가 불쌍해져서 '너무 심하네, 그만해도 되겠는데.' 하는 마음이 들었다. 아빠도, 아이도 불쌍해서 내가 울고 싶어졌다. 아빠가 소리 지르고 아이가 울고불고 옥신각신하는 동안, 나는 아무 소리 없이 숨어 있었다. 분을 못 이긴 아빠가 문을 쾅 닫고 방으로 들어간 사이, 한참 울던 아이가 내게 살금살금 온다.

"엄마, 큰일났어. 내가 좋아하는 게임, 아빠가 버린대. 어떻게 해."

나보고 말려달라고 요청한다.

"그러게, 어떡해. 엄마는 아무것도 해줄 수가 없어. 아빠가 버린다고 했으면 그건 아빠 마음이지. 아빠한테 잘못했다고 용서해달라고 말했어?"

"그렇게 말하면 아빠가 또 소리 지를 거야."

"네가 정말 잘못했다고 생각해? 진짜 그렇게 생각하고 말하면 아빠가 소리 질러도 계속 말할 수 있을 거야."

그러자 둘째가 쪼르르 나가더니 또 한바탕 빌고 울고 소리 지른다. 그 와중에 아이가 아이디어를 내서 아빠가 버리기로 한 게임 대신에 덜 좋아하는 다른 게임 두 개를 버리겠다고 협상한다. 협상이 타결됐다. 아이가 나한테 와서 보고한다.

"엄마, 나 잘했지? 내가 제일 좋아하는 게임은 살렸어. 엄마 덕분이야. 도와줘서 고마워. 난 이제 잘래."

"앞으로 다르게 행동할 거야?"

"응, 아빠한테 져도 화 안 내고 재밌었다고 할 거야."

조금 전까지 울부짖던 애가 선물이라도 받은 양 즐거운 표정으로 자러 간다. 화가 나서 혼자 방에 처박혀 있던 남편이 두 시간이 지나고 나서야 모습을 드러낸다. 화난 표정으로 공격적으로 털썩 주저앉았지만 표정은 이미 내 눈치를 보고 있다. 그래서 내가 먼저 말을 걸었다.

"엄청 무섭게 화 잘 내더라. 속 시원하지?"

"쟤는 지가 이겼다고 생각해. 갑자기 이상한 소리로 협상을 걸어와서 얼떨결에 넘어갔어. 아직도 분해. 자기한테 제일 잘해주는 게 나인데, 왜 나한테 화풀이를 하냐고."

"자기가 평소에 애한테 간도 빼줄 것처럼 잘해줄 때, 그거 자기가 행복하고 좋아서 그러는 거 아니야? 아이에게 나쁘게 하는 것도 참아야 하지만, 나 좋아서 주는 것도 참아야 한다고. 그러다 보면 애가 만만하게 대하지."

"그럼 어떡해?"

"그냥 앞으로도 그렇게 해. 당신은 나랑 다른 방식으로 부모로서 행복을 느끼는 거잖아. 발을 뻗어도 뻗을 자리를 보고 뻗는다고 하잖아. 그러니까 아이들이 당신한테 화풀이를 하겠지. 그것도 당신과 아이들의 독특한 사랑의 방식일 거야. 그러다가 정도가 너무 심하다 싶으면 몇 달에 한 번 이렇게 날 잡고 응징해야지! 버릇없잖아. 내가 도와줄게."

"지가 이겼다고 생각하는 거 분한데 더 혼내줄까?"

"그래서 자기가 둘째를 좋아하는 거잖아. 목표의식 확실하고 뒤끝 없는 거. 쟨 내일 아침에 일어나자마자 아빠한테 먼저 뛰어가서 히히거릴 아이잖아."

역시 내 예상대로 다음 날 아이는 일어나자마자 전날 아무 일도 없던 것처럼 신났다.

남편과 나는 아이들을 다르게 사랑한다. 그래서 아이들도 아빠와 엄마를 다르게 사랑한다. 더 옳은 사랑의 방식은 없다. 점수 따위는 하나도 중요하지 않다. 아이들이 아빠 점수를 깎으면서 낄낄대는 것도 사랑이다. 사랑하는 사람들이 싸우는 것, 완벽하지 않은 것, 서로 이해하지 못하지만 그래도 사랑하는 것, 그거면 충분하다.

둘 다 이길 수 있는
자식과의 즐거운 싸움

PART 3.
가족: '우리'라는 경쟁력

아이가 스트레스를 받으면 부모나 가족들에게 화풀이를 하거나
핑계를 대요. 같이 화내면 오히려 더 화를 내죠.
부모 모두 상처받지 않고 아이가 스스로 문제를 해결하도록
할 수 있을까요?

자식과의 싸움을 피할 수는 없다. 이 싸움은 특별하다. 상대방을 굴복시키고 상처를 입혀야 이기는 것이 아니라, 함께 이겨야 한다. 어쩌면 자식과의 싸움에서 자식은 나의 적이면서 동시에 아군인지도 모르겠다. 왜냐하면 아이에게 좋은 것을 바라는 엄마의 마음이 아이의 당장의 욕구와 충돌할 때 싸움이 생기기 때문이다. 따라서 일반 싸움과 다른 것은 엄마인 나도 이겨야 하지만 아이도 이겨야 한다는 것. 어느 한쪽의 굴복이나 포기가 아니라, 서로 상대를 이해하고 인정하는 것이 이 싸움의 결과라면 양쪽의 완벽한 승리인 셈이다.

그렇다면 내가 아이를 이기기 위해 사용하는 일부 전략은 아이와도 공유해야 한다. 그중 하나가 '지피지기면 백전백승', 나를

알고 적을 알면 승리는 따놓은 것이라는 전략이다. 나도 아이를 알아야 하지만 아이도 나를 알아야 한다. 더 정확하게 말하면 아이에게 엄마라는 존재를 알도록 해야 한다. 엄마는 너를 위해 무엇이든 해주고 무조건 사랑한다는 것 이상의 복잡한 마음을 설명해줘야 한다.

큰아이가 초등 6학년쯤, 그때까지 게임기나 휴대폰 등 모든 전자기기를 사용하지 않다가 일주일 단위로 도서관의 공용 컴퓨터로 인터넷 사용 시간을 주기 시작했다. 처음엔 일주일에 1시간이었는데, 아이와의 실랑이가 조금씩 늘어갔다.

1시간이 돼서 끝내라고 하면 "엄마, 이거 보던 거 5분이면 끝나." (5분 후에 안 끝남)

"1시간 동안 학교 숙제 자료 찾는 건 빼야 하는 거 아냐?"

"지난주에 다른 일정이 있어서 못했으니까 이번 주는 2시간 하고 싶은데…."

"1시간은 너무 짧아."

"엄마, 오늘은 인터넷 속도가 너무 느려서 기다리느라고 시간을 많이 썼어. 아무것도 못했다고."

"엄마, 중간에 화장실 간 시간도 있었는데, 조금 더 해야 하지 않을까?"

처음에는 애원하는 말투였다가 조금씩 짜증이 섞이기 시작했다. 아이도 나도 이겨야 하는, 피할 수 없는 싸움이었다. 인터넷 사용 시간을 엄마인 나의 만족만큼 제한시키는 것은 싸움의 궁극적인 목적이 아니다. 그것은 아이를 굴복시키는 것이 될 것이다. 그렇다고 아이가 원하는 대로 인터넷 사용 시간이 늘게 되면 내가 굴복하는 것이 될 것이다. 사실 이렇게 싸우면 후자가 될 가능성이 거의 99프로라는 것을 나 스스로 너무도 잘 알고 있었다. 내가 스토커처럼 아이를 24시간 감시하겠다고 덤벼도 아이는 무슨 수를 쓰든 할 방법을 찾고야 말 것이다.

우리는 같이 이겨야 한다. 아이에게 내가 어떤 종류의 적인지 알리기로 작정한 날 아이에게 말했다.

"엄마가 아기가 갖고 싶었고 그래서 너를 낳았을 때, 이랬을까? '이야, 자식은 내 마음대로 할 수 있겠다. 이것도 못하게 하고, 저것도 못하게 하고, 명령하고, 감시하고, 잔소리할 수 있는 인간이 필요해. 다른 사람한테 못하는 거니까 내 애를 낳아서 그렇게 해야지.'"

"아니."

"그럼 엄마는 아기를 왜 낳고 싶었을까?"

"사랑하고 싶어서?"

"사랑하는 게 뭘까?"

"나 잘되게 하는 거?"

"아니야. 세상에 존재하지도 않는 인간을 잘되게 하겠다는 마음을 먹은 건 시간의 순서로 따지면 앞뒤가 안 맞잖아. 너 잘되길 바라는 건 네가 태어난 다음이지. 네가 태어나기도 전에 아기를 원했던 이유일 수는 없어. 그런 귀찮은 일을 왜 하냐? 나 혼자 잘되기도 힘들어 죽겠는데."

"그럼, 엄마는 나 잘되는 데에 관심 없어?"

"관심이 없는 건 아니지만 그게 최종 목적은 아니야. 그리고 솔직히 말하면, 인터넷 시간이 1시간이 좋은지, 2시간이 좋은지, 뭐가 '잘' 되는 건지, 그걸 엄마가 확신할 수 있는 것도 아니고 말이야."

"그럼 아이를 왜 갖고 싶었는데?"

"나랑 잘 맞고 서로 좋아하고 믿어주는 특별한 사람이 갖고 싶어서. 삶을 영원히 함께하는… 그런데 너 인터넷 못하게 하는 거랑 이거랑 무슨 상관이냐 하면, 너 자체가 좋은 인간으로 성장해야 좋은 친구도 될 수 있거든. 엄마는 십대 때 인터넷이 좋은 인간으로 성장하는 걸 방해한다고 생각해. 그래서 네가 성장하는 것을 도와주는 거지. 그런데 네가 엄마를 너의 즐거움을 방해하는 존재로 생각하면 그건 엄마의 최종 목적이랑 안 맞잖아. 엄마는 너와의 관계를 망치고 싸워가면서까지 너의 인터넷 사용을 막을 생각은 없어. 엄마는 네가 하고 싶은 것을 못하게 하는 사람이 아닌 거야. 너의 성상을 도와주는 사람이지. 그러니까 네가 잘 생각해보고, 엄마 때문에 짜증이 난다면 엄마는 네가 원하는 대로 다 해줄 거야. 엄마가 생각하는 좋은 인생을 너에게 강요하는 것보다는 네가 엄마를 좋아하는 게 진짜 중요하거든. 너의 인생은 어쨌든 네 것이잖아."

아이는 생각을 하더니, 인터넷을 사용하면서 시간이 갈수록 마음이 불안해지고 짜증이 나고 어떻게든 조금이라도 더 오래 쓰고 싶어서 머리를 짜내는 초조한 마음의 상태에 대해 털어놓았다.

"먼저 우리가 같이 해결해야 할 문제는, 너의 인터넷 사용이랑 엄마가 너를 강제하고 짜증나게 하는 사람이 되는 걸 분리해야 해. 엄마 때문에 짜증난다면 엄마는 완전히 후퇴할 거야."

"아니야, 그건 아니야. 엄마 때문이 아니야. 인터넷 하면 내가 정신을 잃는 게 문제인 거지."

"인터넷 사용이 얼마만큼 나쁜지, 어느 정도가 적당한지 엄마랑 같이 연구해볼까?"

"좋아."

간단한 잡지 기사부터 책까지 눈에 띄는 대로 함께 읽었다. 나의 잔소리보다 연구 결과들, 사례들을 글로 읽으니 아이의 경각심이 눈에 띄게 높아졌다. 이후에 아이는 스스로 일주일에 2시간을 하겠다고 결정했다. 그리고 나는 흔쾌히 동의했다. 그리고 더 이상 나를 감옥의 간수처럼 취급하지 않는다. 예정된 2시간이 됐을 때 내가 그만하라고 하면, "아. 엄마, 진짜 아쉽다. 5분만 더 보고 싶은데. 하지만 3시간을 해도, 5시간을 해도 끝내려면 똑같은 아쉬움이 들 거라는 걸 알아. 나 못하게 해줘서 고마워."라고 한다.

아이가 엄마를 자기가 하고 싶은 것을 못하게 하는 사람이 아니라, 자기가 하고 싶지만 스스로를 위해 하지 말아야 할 것을 도와주는 사람임을 알려줬다. 자기 삶의 최종 책임과 주인이 바로 자기 자신이라는 인식, 그 자발적 탐구를 도와주는 사람이 엄마라는 것 말이다. 인간이라면 누구나 자기 삶이 좋아지기를 바란다. 그 당연한 욕구의 출발은 내 삶이 내 것이라는 인식이다.

이 대화의 전제는 아이가 어려서부터 전자기기 없이, 시간을 보내는 것에 익숙해야 가능하다. 이미 전자기기 중독이 시작된 경우에는 중독에 대한 마음부터 다뤄야 한다. 하지만 엄마가 잔소리쟁이가 아니라 도와주는 사람이라는 것, 결국 인생은 자기 책임이라는 메시지는 아무리 어린아이라도 이해할 수 있다. 아니, 어릴수록 더 쉽게 이해한다.

나다운 엄마 되기,
사실은 불량 엄마

PART 3.
가족: '우리'라는 경쟁력

원래 타고난 나와, 엄마로서 세상이 요구하는 나의 모습이
상충될 때가 많아요. 이렇게 엄마로서 살아가다가
내 자신의 모습을 잃는 것 같기도 하고요.

첫아이의 임신 소식을 잘 아는 은사님께 이메일로 알렸다. 선생님의 답변에 다음과 같은 내용이 있었다.

"네가 어떤 엄마가 될지 정말 궁금하구나. 너는 딱 너다운 엄마가 될 거야. 너는 세상에서 찾기 어려운 독특한 사람이니까. 네가 어떤 엄마가 될지 상상할 수가 없어. 역시나 세상에서 찾기 어려운 엄마가 될 거란 것만은 확실히 알 것 같다. 너만이 가능한, 독특한 엄마가 되어가는 모습을 앞으로 지켜볼 수 있어서 기쁘고 기대가 된다."

선생님의 이 불길한(?) 예언의 메시지가 생각났던 것은 큰아이가 조정 경기에 참가한 다음 날 대화를 하면서다.

"엄마는 우리 조정 팀에서 유명해."

깜짝 놀랐다. 유명하다니, 나는 간 적도 없는데.

"아니, 왜?"

"대회 때나 연습 때나 안 나타나기로 말이지."

어쩐지…. 그렇다. 나는 온갖 방식으로 불량 엄마다. 조정 대회뿐만 아니라, 학교 봉사활동, 야외 활동에도 참가하지 않는다. 아이가 어렸을 때부터 꾸준히. 아이를 위해 애를 써서 친구와의 놀이 기회를 만들어준 적도 없고, 아이를 어디 데리고 갈까, 무얼 하고 놀아줄까, 무얼 가르쳐야 할까, 친구 모임을 만들어줄까 등에 대해 고민해본 적도 없다. 학년말 발표회 정도만 간다. 그래서 아이를 통해 만나는 엄마들 모임이나 친구가 없다.

"엄마가 학교 활동, 조정 대회에 참가하지 않아서 싫어?"

"아니, 싫지도 않고 좋지도 않아. 그냥 엄마는 엄마처럼 하면 돼. 다른 애들 엄마처럼 참가해서 다른 애들이나 다른 엄마들이랑 적극적으로 어울리고 그러면 어떠려나? 흠… (한참 생각을 한다) 상상이 안 가. 생각해본 적이 없는 거 같아. 분명한 건, 난 엄마가 달라지길 바라지 않아. 생각해봤더니 엄마는 와봤자 멀뚱멀뚱 다른 사람들 관찰이나 하고 있을 거라고, 하하하(조금 심하게 웃는다. 그래서 나도 피식 웃는다)! 다른 엄마들은 다른 애들한테 막 호들갑도 떨고 반가운 척, 친한 척하는데 엄마는 그런 사람이 아니잖아. 엄마가 그러는 건 너무 이상해. 엄마는 딱 그냥 지금 같은 게 좋아."

물론 큰아이도 초등학교 2, 3학년 때에는 다소 심각한 말투로 물어봤었다.

"엄마는 왜 학교에 안 와? 엄마도 학교에 왔으면 좋겠어."

참고로 미국의 초등학교에서는 엄마들의 여러 봉사활동이 활발하다. 유인물 작성, 책 읽기 1 대 1 도움, 교재 준비 등에 엄마들이 적극적으로 참여한다.

"엄마는 네가 학교에 있는 동안 낮잠을 자야 해. 그리고 네가 학교에 있는 동안 혼자 하고 싶은 일들을 완전히 끝내고 나서, 네가 하교 후 돌아오면 온전히 너를 위해 대기하고 싶거든. 그래서 학교에 가는 일은 엄마에게 아주 어려운 일이야. 그래도 네가 엄마가 학교에 와야 할 필요가 있다고 느껴지면 꼭 말해줘."

그렇다. 나는 엄마 노릇을 떠나서, 일주일에 최소 3일 이상 낮잠을 꼭 자야 한다. 낮잠을 잘 수 없던 아이 생후 3년 동안, 아이에 대한 사랑까지 유보될 정도였다. 만 3세부터 본격적으로 아이에게 훈련시켰던 것도 '엄마가 낮잠 자는 동안 조용히 시간 보내기'였다.

'나답다'란 것은 사실 이렇게 시시하고 사소한 것들이다. 그런데 나에게는 이것이 나다워지는 결정적인 디테일이다. '낮잠 자기'처럼 나를 구성하는 또 다른 나다움의 요소는 사람을 관찰하고, 사람에 대해 궁금해하고, 이를 질문하는 습성이다. 그리고 낙천적이다. 아이가 학교에 와달라는 요청을 거절하면서 나는 죄책감이나 불안 따위를 전혀 느끼지 않았다. 죄책감을 느끼지 않는 대신, 아이에게 궁금한 것들이 너무 많아서 둘이 앉아서 주절주절 수다를 떨었다. 엄마가 학교에 오지 않으면 어떤 점이 나쁜지, 선생님이 차별을 하는지, 다른 아이들과 어울리는 데에 어려움이 있는지 등을 말이다(물론 만약 낮잠을 좋아하는 마음보다 이런 죄책감이 더 크게 느껴지는 엄마라면 자신이 마음 편한 쪽을 선택하면 된다. 그 또한 그 사람다운 것일 테니).

선생님에 따라서는 학교에 자주 오는 엄마와 그 아이들에게 관심을 더 많이 주기도 하고, 엄마들의 참여를 부담스러워하기도 한다. 어떤 선생님은 우리 애를 특별히 예뻐하기도 하고, 반대인 경우도 있었다. 아이가 천덕꾸러기처럼 취급되는 해에는 우리 둘이서 씩씩거리며 욕도 하고, 일 년을 최대한 즐겁게 보낼 다른 방법을 같이 궁리하기도 했다.

"살다 보면 세상 사람들이 다 나를 좋아하는 건 아니니까."

연말에 발표회에 가면 다른 엄마들을 만나게 되는데, 내가 그 엄마의 아이들에 대해 더 많이 아는 경우도 많다. 아이가 하루하루 학교에서 벌어진 일들을 몇 시간씩 알려줬으니, 그 아이들이 어떤 행동을 하는지 나는 많이 알고 있다. 그리고 아이의 학교생활은 전적으로 아이 혼자만의 취향, 아이 혼자의 힘, 아이 자신만의 행동으로 만들어졌으니 아이도 불안이 없다. 사이가 좋지 않은 친구나 차별하는 선생님에 대해 신경쓰고 화를 내기도 하지만, 결국 그런 사람은 언제나 주위에 있게 마련이라는 걸 잘 안다. 늘어지게 낮잠 자고 상쾌한 기분이 된 나와 무수하게 많은 대화와 분석, 실험, 시도 그리고 다시 분석을 한 결과다. 이렇게 나는 나다운 엄마가 되어갔다.

좋은 엄마가 되는 법, 아이를 '잘' 키우는 법은 나의 전문 분야가 아니다. 아이와 엄마를 상담할 때도, 아이와 엄마가 각자 편한 상태에서 '나다움'이 무엇인지를 같이 찾기 시작한다. 그럼 나와는 다르지만 역시나 시시하고 우스운 '그 무엇'이 분명히 있다. 거기서부터 시작하는 것이다.

나는 아이를 '위한다'는 생각으로 엄마 노릇을 한 적이 없다. 아이에게 사랑을 느끼고 아이를 안전하게 보호하고자 하는 욕구는 유전자의 힘으로 저절로 된다. 배고픔과 배설의 욕구를 연습할 필요가 없는 것처럼, 내 아이를 다른 누구와도 비교하지 않고 세상에 하나밖에 없는 존재로 '특별하게' 키우는 것처럼, 나 역시 이 세상에 유일하게 특별한 엄마가 되어갈 뿐이다.

얼마 전, 고등학생 막내를 키우는 한 엄마가 물었다.

"아이 키우는 것에 올인 하시는 것 같은데, 나중에 빈 둥지 증후군이 걱정되지 않으세요?"

"걱정은 안 해요. 빈 둥지 증후군에 걸릴 수 있겠죠. 그것도 과정의 하나일 테니 어쩔 수 없다고 생각해요. 그 새로운 감정을 내가 어떻게 느끼고, 어떤 반응을 보이고 그러면서 또 어떤 사람으로 변해가게 될지 궁금해요."

내가 어떤 엄마가 될지 모르겠다던 선생님의 지적은 정말이지 정확했다. 그때 나는 아이를 위해 나의 직업, 경제적 발전 따위를 아무렇지도 않게 던져버릴 그런 인간이 될 줄은 꿈에도 몰랐다. 정확하게 말하자면, 던져버린 것도 아니고 아이를 위한 것도 아니다. 아이를 관찰하고, 실험하고 배우는 것이 나에게 이렇게 흥미진진할 줄 몰랐다. 그런 것들의 의미가 시들어버릴 정도로. 그러면서도 이렇게 허술하고 대충대충 아이를 키우게 될지도 몰랐다. 그때 나는 정확성과 완벽을 중시했고, 경쟁에서 이기는 것을 좋아했고, 무엇을 하든 꼼꼼하고, 옳고 그름이 분명한 사람이었다. 근데… 진짜 그랬었던가?

아이와의 기 싸움, 바오밥나무 기르듯

하윤이는 그 뒤로 간식 찾기는 그만두고 요새 거들떠도 안 보던 사과를
"이렇게 맛있는 사과가 있었나?"라며 조금 먹었다.
저녁밥도 잘 먹고…
마무리는 아빠랑 마시멜로 구워 먹기.

아이 뜻을 받아주고 넘어갈 때가 있어요.
아이와 실랑이하기 싫을 때도 있고, 좀 더 크면 저절로
알게 되겠지 싶을 때도 있고, 아이가 안쓰러울 때도 있죠.
예를 들면, 저도 어릴 때 싫은 걸 억지로 먹어야 하는 상황이
괴로웠는데, 아이의 의견도 존중해서 김치, 나물 등
아이가 먹기 싫어하는 걸 굳이 억지로 먹여야 할지 고민됩니다.
그냥 굶기면 아이가 배고플까 걱정도 되고요.

생택쥐페리의 『어린 왕자』에는 바오밥나무가 등장한다. 어린 왕자는 조그만 집 하나 정도 크기의 작은 별에 살면서 매일 바오밥나무의 새순을 뽑는다. 어린 왕자는 비행기 조종사에게 이렇게 이야기한다.

"어떤 일은 다음 날로 미뤄도 해가 되지 않기도 해. 하지만 바오밥나무를 관리하는 일에 있어서 미룬다는 것은 그야말로 재앙이야. 어김없이 말이지. 게으른 남자 혼자 살고 있던 별을 알고 있는데, 아주 작은 바오밥나무 셋을 무시했다가 어떻게 됐냐면…."

그 무시무시함은 도저히 말로 설명할 수가 없어서 그림으로 표현된다. 나무가 별에 심긴 게 아니라, 나무뿌리에 별이 달려 있는 꼴이다. 동화 속에서 어린 왕자의 이야기를 들은 비행기 조종

사는 거듭 강조하기 위해 다음과 같은 경고를 덧붙인다.

"바오밥나무가 이토록 위험하다는 것은 대부분 잘 모른다. (…) 나 자신도 나의 친구들도 이런 위험이 바로 옆에 있는데도 꿈에도 모르면서 살아왔던 것이다. (…) 이런 위험을 아는 것은 너무도 중요하고 급하다."

아이와 싸움을 미루는 것은 딱 바오밥나무를 자라게 하는 것과 같다. 아이와 싸워야 할 문제를 덮고 넘어간다고 해서 그것이 절대로 사라지지 않는다. 어린 왕자가 바오밥나무를 제거한다는 이야기를 처음 들었을 때 조종사는 묻는다.

"바오밥나무가 얼마나 큰데 그걸 없앤단 말이야?"

어린 왕자는 대답한다.

"그게 아무리 커진다 해도 처음엔 굉장히 작을 거 아니야?"

아이와 싸움은 '이 정도 가지고 싸울 만한 일인가?' 싶은 정도였을 때가 가장 쉽다. 특히나 완벽한 승리를 원한다면 싹이 보이자마자 잡아 뽑아버려야 한다. 싸움이다. 인정사정없이. 어차피 싸워야 하는 거라면 남들이 '애니까 그런 거지. 그 정도 가지고….'라고 할 때가 가장 좋은 싸움의 시기다.

우리 집은 아이 입맛이라는 게 따로 없다. 두 아이 모두 식성이 완벽하게 다르지만, 어느 누구도 새로운 음식에 대해 거부하지 않는 것은 같다. 이 세상 누군가가 맛있다고 먹는 것은 무조건 열린 마음을 가지고 먹어보는 것이다. 한 번이 아니라, 그 사람을 이해할 때까지 조금씩 계속. 이런 결정은 아이가 태어나기 전부터 내렸다.

고아의 인권이라는 개념이 전혀 없던 1900년대 초 미국의 아동 심리학자가 수십 명의 신생아 고아를 데려다 실험을 했다. 날고기, 쓴 야채 등 아이가 도저히 먹지 않을 법한 음식을 먹이는 것이다. 실험 자체는 지탄받아야 마땅했다. 그것과 별개로, 이 엽기적인 실험은 과학적 근거만은 탄탄했다. 결론은 인간의 아기가 단맛을 약간 선호하는 것은 사실이지만, 그 외 어떤 맛도 후천적 학습으로 좋아할 수 있다는 것이다. 그러니까 음식을 먹는 양과 소화 기능은 선천적 차이가 있지만, 맛에 대한 편식은 결국 양육의 결과라는 뜻이다.

큰아이가 초등 2학년 때였다. 아이가 내게 물었다.

"오늘 저녁은 뭐야?"

"파스타 만들고 있어."

"나 파스타 먹기 싫은데."

아이가 얼굴을 잔뜩 찌푸리며 말했다. 그렇다고 심하게 화를 낸 것도 아니고, 평소에 편식을 하거나 반찬투정을 하는 아이도 아니었다. 하지만 그즈음 들어 부쩍 아이가 식사에 대한 요구와 짜증이 늘어가고 있던 차였다.

'으악, 싸움이다. 이건 바오밥나무야!'

나는 아이에게 좋은 것들을 먹이고 싶지만, 그보다 더 중요한 건 내가 아이를 키우면서 즐거워야 한다는 것이다. 내가 아이에게 좋은 것을 먹이고 싶은 마음을 아이가 이해하고 받아주지 않으면 애를 먹이는 일은 나에게 고통과 희생밖에 안 된다. 그리고 음식을 먹는다는 것은 내 입에 즐거운 것을 찾는 행위가 아니다. 어떤 맛에도 열린 자세는 곧 어떤 사람에게도 열린 자세와 일맥상통한다.

　엄마가 해주는 음식을 먹는 즐거움은 내가 원하는 음식을 내가 골라서 찾아 먹는 식도락 생활에서 얻는 즐거움과 같을 수 없다. 음식의 선택권은 전적으로 엄마에게 있는 상태에서 엄마의 마음을 느낄 수 있어야 한다. 한마디로 말해서, 나는 아이에게 고용된 것처럼 아이의 입맛과 기분, 비위를 맞추고 아이에게 봉사하면서는 즐거운 엄마가 될 수 없을 것 같았다. 아이의 음식을 위한 나의 최선이 아무리 모자라도, 그것이 나의 최선임을 아이에게 이해시키는 것이 밥 한 끼를 잘 먹이는 것보다 중요하게 느껴졌다. 그리고 이러한 이해는 아이가 나이가 든다고 저절로 알게 되지도 않고, 설사 그렇다 하더라도 어린 바오밥나무를 바로 뽑아버릴 수 있는데 왜 기다린단 말인가.

　면을 끓이고 소스를 만들다가 가스레인지를 다 꺼버렸다. 그리고 그냥 아무런 말도 하지 않고 부엌에서 나와 아까 읽던 책을 집어들었다.

　"엄마, 저녁 안 만들어?"

　"응, 네가 파스타 먹기 싫다고 해서."

　"어…, 그럼 뭐 먹어?"

　"다른 거 준비된 건 없어. 엄마는 어제부터 오늘 너에게 파스타를 만들어주려고 고민하고 준비했거든. 하지만 네가 그게 싫다면 어쩔 수 없지."

"아, 배고플 텐데… 왜?"

"엄마는 돼지에게 밥을 줘서 건강한 돼지를 키우듯 널 키우는 게 아니야. 네가 맛있고 즐겁게 먹는 것까지 엄마는 기대하고 바라. 언제나 맛있다고 해야 한다는 게 아니야. 넌 먹어보지도 않고서 먹기 싫다고 했잖아. 먹어본 다음이라면, 오히려 어떻게 하면 더 맛있을지 너에게 물을 거야. 그러곤 다음에 그렇게 고칠 거라고. 물론 그냥 어떤 특정 음식이 먹고 싶지 않은 날이 있을 수 있어. 이럴 땐 너에게 선택권이 많지가 않아. 미리 네가 어떤 게 먹고 싶은지 물어보려고 하지만, 그렇게 못하는 날도 많거든. 한 끼의 식사는 바로 준비되는 게 아니고 며칠 전에 시장에 가서부터 시작되는 거야. 그럴 땐 네가 참아야 해. 특히 아까처럼 마치 엄마가 무언가를 잘못이라도 한 것처럼 얼굴을 찌푸리면서 먹기 싫다고 말하는 것은 안 돼."

"엄마, 밥하는 게 그렇게 어려운 일이라는 걸 몰랐어."

"나도 몰랐어. 이렇게 시시한 모양의 집밥을 매일 세 번 만들어낸다는 건 엄마한테는 너무 대단한 일이야. 물론 모든 엄마가 그런 건 아닐 거야. 엄마보다 이런 재주가 훨씬 많은 엄마들도 많으니까. 하지만 네 엄마는 나뿐이잖아. 이런 대단한 일을 하는 게 엄마는 너무 좋아. 네가 그렇게 인상 쓰면서 짜증을 낼 때까지는 말이야."

"이제 알았어. 내가 큰 잘못을 했어. 정말 몰랐어. 이제 다시 해주면 안 돼?"

이때 약간의 고민이 생겼다. 이미 내 마음은 풀어졌다. 하지만 고단한 하루 끝에 요리를 하다가 중간에 딱 멈추고 쉬기 시작하니 몸도 풀어져서 다시 부엌으로 들어가기가 싫다. 그래서 딱 잘라 말했다.

"긴장해서 밥하다가 멈추니까 너무 피곤하다. 오늘은 엄마도 쉬고 싶어."

"아, 배고픈데…."

"너 때문에 엄마도 같이 굶어야 하는데, 뭐."

그날 우리는 요거트랑 과일 조각이나 먹고서 굶었다. 물론 배고팠다.

"엄마, 너무 배고파서 다시는 안 잊어버릴 거 같아. 엄마가 뭐든 요리를 하면 일단 기뻐할 것! 먹어본 다음에는 맛없다고 해도 되지?"

이후 아이는 음식에 불만이 없다. 내가 해준 음식만이 아니라, 다른 누가 해준 음식에 대해서도 말이다. 물론 우리 식구는 먹는 것을 좋아하기 때문에 맛에 대해 평가하고 순위 매기는 것을 좋아한다. 나의 요리의 형편없는 맛에 대해서도 함께 낄낄대면서 농담을 한다. 맛없는 음식, 먹기 싫은 음식이라도 즐기는 방법을 궁리해볼 수 있는 사람이 되어가면서.

"엄마가 해준 요리가 나는 세상에서 제일 좋아. 왜냐면 엄마 요리를 매일 먹다가 다른 데에 가서 먹으면 어떤 요리건 진짜 맛있게 느껴지거든. 그렇다고 해서 엄마 요리를 맛이 없어서 꾹 참고 먹는 건 아니야. 엄마 요리는 특이한 거지. 막 찾아서 먹고 싶은 맛이 아닌 것뿐이야."

어쨌든 아이가 인상 한번 제대로 찌푸렸을 때 가차 없이 굶기기. 오늘도 나는 아이의 바오밥나무가 머리를 내미는지 순찰 중이다.

물론 바오밥나무를 자를 때에도 전략이 있다. 그 전략이란 '절대로! 절대로! 절대로!(×100) 아이한테 큰소리를 치지 않는다. 벌컥 화를 내지 않는다. 혼내지 않는다.'이다. 큰소리와 짜증을 안 내고 어떻게 아이를 키우냐고? 큰소리와 짜증이 없이도 아이를 제압하고 응징하는 방법은 얼마든지 있다. 부모가 큰소리 내고 짜증부리는 것이 아이의 정서 발달에 얼마나 나쁜지 설명할 수도 있지만, 그런 설명은 백 번 들어봐야 실효성이 없다. 감정이 훅 올라오면 성질을 부리게 되어 있다. 적어도 나처럼 다혈질 성격을 가진 엄마는 말이다.

아이와의 싸움이 어려운 이유는 역설적이게도 아이와 엄마의 권력, 힘의 균형이 지나치게 기운다는 데에 있다. 문자 그대로 아이의 생사여탈은 전적으로 엄마가 쥐고 있다. 힘의 측면에서 100 대 0이다. 약자도 세상 이런 약자가 어디 있나. 그런데 왜 이렇게 이기기가 힘들까?

약자는 어차피 자신에게 힘이 없다는 것을 알고 있기 때문에 오로지 강자가 스스로의 강함으로 무너지는 전략만 구사한다. 그러니 강자의 힘만큼 강자는 불리하게 되어 있다.

다시 한 번 아이에게 짜증을 부리고 소리 지르는 장면을 생각해보자. 아무리 열받았다고 그렇게 감정을 고스란히 내보이며 짜증낼 수 있는 상대는 이 세상에 자기의 아이밖에 없다. 물론 사랑하는 마음에서 시작하긴 하지만 말이다. 그렇지만 그렇게 할 수 있는 것은 그럴 수 있는 권력을 가졌기 때문이다. 이때 아이는 무서운 전략가로 돌변하는데, 그 전략은 바로 '엄마가 나한테 화를 냈다.'라는 사실만 받아들이는 것이다. 그외 모든 것은 완전히 싹 지워버린다. 엄마가 화를 낼 만한 상황, 자신의 잘못 혹은 엄마가 다른 때 잘해줬던 것, 심지어 엄마가 참으면서 화를 아주 조금만 내고 있다는 것까지 전부 다 사라져버린다. 아이가 엄마를 '나에게 화를 내는 사람'이라는 것에만 집중하면 아이는 거기에 대응하는 행동만 한다. 주눅이 들든, 같이 화를 내든, 엄마의 다른 어떤 행동이나 어떤 가능성도 헛수고다. 엄청난 권력이 한순간에 소용이 없어져버린다.

간단히 말하자면 이렇다. 엄마가 짜증을 부리고 목소리가 높아진 순간, 아이의 모든 정보는 '엄마는 나에게 화를 낸다.'로 통한다. 어떤 교육적 목적, 어떤 사랑, 어떤 의도, 짜증의 실제 크기 등은 완벽하게 사라진다.

그럼, 애를 혼내지 않고 어떻게 키우냐고? 아이에게 평상시에도 엄마는 혼내지 않는다고 말해주고, 엄마가 혹시 혼내는 것 같으면 그건 엄마가 모르고 목소리가 높아진 거니까 알려달라고 한다. 그럼 아이가 '우리 엄마는 혼내지도 않는 물이네, 야호! 내 마음대로 해야지.'라고 할까? 절대 그렇지 않다. 오히려 반대다. 약자는 자신이 약자라는 것을 절대 잊을 수가 없으며 권력자, 강자를 끊임없이 관찰하게 되어 있다. 혼내고 화낼 수 있는 권력을 가진 권력자가 그 권력을 행사하지 않을 때 약자는 오히려 긴장한다. '저 권력자가 무엇을 할까.'라고 생각하면서 아이는 드디어 귀와 마음을 열고 엄마가 하려는 이야기를 들을 준비가 된다.

아이를 굶기는 싸움을 할 때도 나는 잠자는 호랑이 앞이라도 지나가는 양 조용히 레인지의 불을 끄고, 책을 펼 때도 되도록 얌전히, 그리고 아이가 배고픔을 호소하고 빨리 다시 밥을 하라고 칭얼댈 때도 "엄마도 배고픈데 이젠 의욕이 다 빠져버렸다."며 친절하고 작은 목소리로 말했다. 조금도 화를 내서는 안 된다. 내 권력은 '엄마가 화가 나서 밥을 굶은 것'이 아니라, '아이 스스로 밥투정을 해서 굶게 됐다.'는 메시지를 아이에게 전달할 수 있는 권력이어야 한다. 아이가 약자로 맞서 싸우기 딱 좋게 소리를 지르면 권력은 눈에 드러나버린다. 그런 힘 빠진 권력은 우리가 원하는 아무것도 획득하지 못한다. 신경질이 날 때 소리를 제대로 질렀다는 속 시원함 빼고는.

한 걸음 더

질문 공부를 강제하지 않지만, 또 어떤 부분은 굉장히 강제하시는 것 같아요. 학습적 강제와 자기답게 크는 자유, 그 구분 기준이 궁금합니다. 또한 글을 읽다 보면 어떤 부분에 대해서는 아이의 개별성을 극도로 존중해주시는 반면, 또 어떤 부분에서는 좀 더 유연할 수도 있을 것 같은데 일방적으로 부모가 가이드라인을 주는 경우도 있는 것 같아요. 그 기준은 어떻게 세우시는지 궁금해요.

답   강제와 자유는 동전의 양면이에요. 기본적으로 천성이라는 것은 인정해줘요. 가령, 둘째는 뭐든지 잘 잃어버려요. 어떤 경우에도 잃어버리지 말라고 하거나 잃어버렸다고 혼내지는 않아요. 하지만 여기서 강제와 자유가 함께 주어지죠. 외출할 때 자기 소지품을 가지고 나가는 자유가 있어요. 그 소지품을 잘 잃어버리는 성격이라는 것을 충분히 알려주죠. 그런데도 가지고 나가서 잃어버렸을 경우, 비슷한 것을 다시 사주지 않아요. 따라서 여기서 강제가 부여되는데, 예를 들어 도서관에서 빌린 책 같은 것은 절대 못 가져가게 강제해요. 잃어버리면 책임을 본인이 지지 않고, 제가 벌금을 내야 하니까요. 그렇게 둘째는 몇 번 소중한 물건을 잃어버리고 나서 요새는 외출할 때 아무것도 안 가지고 다녀요.

일방적으로 가이드라인을 정해주는 경우는 권위에 대한 복종과 관련이 있어요. 저는 아이의 이야기, 아이의 본성을 충분히 듣고 고려하지만, 최종 결정은 제가 해요. 그 부분에 있어서 당연히 책임도 제가 지죠. 아이는 자신이 책임질 수 있는 부분과 그만큼 자유로운 선택을 할 수 있는 부분을 명확하게 알아요. 자유는 아무거나 내키는 대로 할 수 있는 것이 아니라, 권위와 책임의 한도 내에 존재하는 것이고, 따라서 스스로 배우고 얻어가는 것이니까요.

예를 들어, 저희 집에서는 아이들이 개인 방을 허용하지 않아요. 저의 강제죠. 하지만 아이들은 불만이 없어요. 제가 때때로 물어요. 너만의 방을 갖고 싶으냐고. 내가 원하는 복종은 공포에 기반한 무조건적인 복종이 아니니까요. 그리고 더 중요한 것은 내가 강제하는 가치관이 절대적인 것이 아니라 내가 믿는 것일 뿐이고, 이것을 아이들에게 강제하는 것 역시 유동적이어야 한다고 생각해요. 절대적인 가치관이란 없지만, 그렇다고 아무런 가치관 없이 살아갈 수는 없어요. 중요한 것은 그것을 적절한 순간에 놓을 수 있는 유연함이에요. 그래서 아이들에게 엄마가 특정 가치관을 갖는 이유들을 설명하려고 노력해요. 그래서 언젠가 아이들 스스로 엄마의 생각에 반대해도 좋다고.

고등학생 아이까지도 아직까지는 개인 방이 싫다고 해요. 아이는 개인 방이 좋은 점도 있지만, 그러면 청소하고 관리하고 정리하는 귀찮음이 싫다고 해요. 자신의 방이 생겼을 때 자기 마음대로 엉망으로 만드는 것은 같이 사는 가족에 대한 예의 때문에 절대로 허용되지 않는다는 것을 수긍한 거예요. 자기 방을 가지면서 청소도 안 하고 엉망으로 만드는 것은 자유의 문제가 아니라, 그냥 타인에 대한 예의가 없고 책임감이 없는 것 아닐까요? 그리고 더 중요한 것은 불편의 원인을 제공하는 동생이 함께하는 친구가 되어가는 과정이라는 저의 설명을 좋아해요. 아직까지는요.

완벽으로 가는 길,
우리만의 모자람을 사랑하기

이때 뭐라고 답했는지 잘 기억이 안 난다.
대강… 행복은 조건이 아니라,
마음먹기에 달려 있다.
이런 식으로 답한 것 같다.

한 번 이 문장을 주의 깊게 읽고 나니
시시때때로 떠올랐다.
나는 너무 자주 불행을 느꼈으니까.
그때마다 내가 '저마다 다른 이유를 가진 불행'한 쪽에
속한다는 게 자존심 상했으나

나 혼자 속끓을 때
행복은 마음먹는다고 되는 일이 아니었다.
그런데 아이들과 이야기하고 나니 좀 달라졌다.

어느 날 저녁,

아이들이 피구를 하자는데
너무 하기 싫어 안 한다고
버티다 밤이 돼버렸다.
하준이는 속상해서
삐죽이는데 그깟 공놀이
안 해준 내가 한심해서…
눈물이 났다.

안 그래도 엄마 때문에
피구 못해서 속상한데,
엄마 화난 거 같다.
심지어 울고 있다.
이 와중에 아빠는 자꾸
엄마한테 사과하라고
하고….

그때 하준이가 하는 말,

내가 해준 말을 기억하고 있었다.
행복하기로 결정하면,
행복한 가족이 되는 것으로…

저녁 시간에
즐거웠던 하루를 자축하는 말로도 쓴다.

나는 평생 불행을 찾아다녔는데
요즘은 식구들이랑 행복을 줍는다.
아니, 아이들에게서 행복을 선택하는 걸 배우는 중이다.

그건 흡사 라디오 주파수를 맞추는 거랑 비슷하다.
상대가 어른일 때보다 아이들일 때 훨씬 쉬운데,
아이들이 나와 함께 있기를 원하기 때문인 것 같다.
엄아와 함께 있고 싶어서 늘 나에게 쳐준다.

SNS나 주변을 보면 다른 엄마들은 다들 아이를 잘 키우는 것 같고 아이들도 잘 자라는 것 같은데,
저만 서투르고 형편없이 육아하는 기분이 들어요.

아이들을 자연에서 키우고, 공부를 강조하지 않고, 타고난 성향을 키워주고, 미니멀리즘의 실천을 통해 삶의 여유와 의미를 찾는 책들이 많다. 미니멀리즘, 중년 은퇴, 귀촌, 짠돌이 재테크, 미니멀 육아, 자급자족, 환경보호, 소비 줄이기, 쓰레기 줄이기 등이 결을 같이한다. 이렇게 훌륭한 이야기들이 이미 많음에도 불구하고 굳이 나의 이야기를 책으로 쓰고 싶은 이유가 있다.

큰애가 6개월 때 이유식을 시작하면서 아기 숟가락을 열 개 정도 샀다. 한 개에 만 원이 훌쩍 넘는 온갖 기능을 갖춘 것으로 말이다. 이것저것 시험해보던 어느 날, 외출하고 돌아왔더니 집에 와계시던 내 할머니가 어른용 대형 스테인리스 숟가락으로 아이에게 이유식을 먹이고 계셨다. 아이의 잇몸이 찢어지지도 않고, 납죽납죽 잘도 받아먹고 있었다. 정말 머리가 떵하도록 충격을 받았다. 적절한 온도가 유지되는 부드럽고 친환경적인 소재에 아기 손에 잘 맞는 숟가락이 아니면 아기가 굶어죽을 것처럼 호들갑 떨던 내가 그제야 한심하게 느껴졌다. 그 후 아기 용품이라는 것은 일회용 물티슈든 아기 의자든 무엇도 사지 않는다. 아이와 외출해도 기저귀 두 개만 달랑 챙기기 때문에 기저귀 가방이라는 것도 따로 없었다. 어차피 애는 신경도 안 쓰고, 애 씻기고 먹이는 건 이러나저러나 힘들게 돼 있다. 그리고 현대 대한민국에서 자연스럽게 지키는 정도의 위생 관념과 상식만으로도 애는 멀쩡히 잘 큰다. 아이들이 어느 정도 자란 지금까지도 우리 집은 장난감을 세상에 없는 셈 친다.

시골에 살며 자급자족 생활을 연구하면서 온갖 종류의 가축 키우기, 태양열 발전, 빗물 받아 정수하기, 농기구 쓰지 않는 농법, 치즈와 요거트, 비누, 맥주, 화장품과 온갖 세제 만들기, 뜨개질, 옷 만들기, 창고나 지하 저장실 만들기 등 몇 달씩 투자해야 하는 전문적인 실습 수업도 듣고, 어마어마한 양의 책도 조사하고 실제로 심혈을 기울여 해보기도 했다. 그리고 현재 상황은? 결국 아무것도 안 한다.

예를 들면 화장품, 비누, 샴푸 몸에 바르는 온갖 아로마 용품을 만들어봤는데, 천연재료를 써서 만들어도 시중 가격의 10분의 1도 안 된다. 이렇게 아끼는 건 좋은데 도구들과 용기, 재료들이 필요하고 이를 보관하거나 관리하는 데에도 신경써야 한다. 그러다 보니 어느 순간 "너무 구질구질하고 귀찮아. 차라리 사는 게 낫겠어."라는 생각이 들었다. 그러다 '이왕 여기까지 왔으니 다시 구입하는 길로 돌아가기 전에 조금만 더 가볼까?' 하는 생각까지 미쳤고, 결론은 현재 거의 아무것도 안 바른다.

이쯤이면 웬만한 미니멀리스트들보다 내가 더 극성인데 왜 나는 이런 삶이 더 좋다고 하는 대신, 이게 나만의 방식이라고, 그것도 언제 변할지 모른다고 이야기하고 싶은 걸까? 돈 쓰는 게 훨씬 좋기 때문이다. 그렇게 많은 사람이 돈을 쓰는 건 다 그만한 이유가 있는 것이 아닐까? 나처럼 돈 안 쓰고 아이들과 살면 당연히 불편하고, 구질구질하고, 아이도 다른 친구들과 어울리는 데에 분명 일정한 어려움을 느낀다(가령, 같이 공유할 비디오 게임이나 장난감 같은 게 없다). 돈을 쓰고, 열심히 학원을 보내고, 스마트폰이나 TV를 보여주면서 육아하는 것보다 공짜 육아가 좋은 교육이라고 주장하고 싶지 않다.

사실 남들과 다르기 때문에 육아가 본질적으로 가지고 있는 도전과 어려움을 깊게 대면하게 되고, 무엇보다 엄청 구질구질하다. 그렇지만 그럼에도 나는 그게 좋다. 그리고 나는 돈으로 이 모든 것을 해결할 능력이 없다. 즉, 나의 초라함과 한계를 분명하게, 그것도 매일 적나라하게 마주한다. 나는 그게 좋다. 내 아이를 남들만큼 혹은 최고로 키우겠다, 좋은 엄마가 되겠다는 얼토당토않는 야심은 감히 꿈도 꾸지 못한다. 나는 그게 좋다. 그래서 돈을 많이 쓰고 아이에게 많은 것을 해주는 부모들에게 뒤지지 않기 위한 논리나 가성비 좋은 방법을 궁리하는 피곤이 없다. 그냥 안 해버린다. 나는 그게 좋다. 특히 더 나아지려고 애쓰거나 '나는 이 정도면 그나마 괜찮다.'라는 불안한 위로가 필요 없어서 나는 좋다.

나의 육아 방법이 최고도 아니고, 나나 아이들 역시 마찬가지다. 아이들에게 교육비를 많이 쓰고 부지런하게 아이를 위해 많은 것들을 하는 가정들을 보면서 내가 하지 못하는 것을 해내는 이들에게 파이팅해준다. 그들도 그들 나름의 방식으로 만족을 얻을 것이다. 그래서 내가 만약 육아에 대한 단 하나의 조언을 한다면 그것은 바로 '어떤 방법이든 아이와 부모가 함께 즐거운 길을 찾으면 된다.'는 것이다. 옳은 길이 딱 하나라는 생각, 모든 사람이 한 가지 방법으로 잘 큰다는 것은 생각만으로도 피곤하다.

하나의 정해진 행복과 정답을 찾지 않아도, 나만의 이유로 불행한 것이 나는 좋다. 그래서 우리의 글과 그림을 보면서 하나의 정답을 제시하는 것이 아니라 아이와 엄마, 그리고 한 가족이 각자 자신들만의 방식을 찾아낸다면 그것이 설령 불행이라도 괜찮다는 이야기가 되기를 바란다.

그런데 조금 불편한 마음이 들 수 있겠다. 불행이 괜찮다고? 사실 이는 억지다. 누가 불행을 좋아한단 말인가? 이 억지 주장을 톨스토이의 소설『안나 카레니나』의 첫 문장 "행복한 가정은 비슷한 모습으로 행복하고, 불행한 가정은 각기 다른 이유로 불행하다."라는 이야기를 통해 이해해보자.

사실 내가 태어난 가정은 결코 행복하지 않았다. 톨스토이의 말대로 우리 가정만의 독특한 이유 때문에 싸우고 행복한 가정에 있는 어떤 것이 없기 때문이라고 생각해왔다. 하지만 우리가 싸우기 때문에, 혹은 누군가의 잘못이 있어서가 아니라는 것을 깨닫게 된 것은 꽤나 이상한 발견으로부터 왔다. 내가 두 자녀의 엄마가 되면서 구성된 현 가정에서도 만만치 않게 싸우는데 이상하게 우리는 아무도 불행하지 않다는 것을 알게 됐다. 그럼 행복한 가정이냐고? 싸우는데 뭐가 얼마나 행복하겠는가. 딱히 엄청 행복하지도 않다.

나의 부모님은 객관적으로도 성실하고 모범적인 분들이고, 역시 모범적인 가정, 모범적인 자녀를 원하셨다. 반드시 그렇게 키우겠다고 '작정'하셨다. 그리고 그것이 뜻대로 되지 않을 때 심하게 화를 내셨다. "왜 다른 아빠들은 아이들과 놀아주는데 당신은 놀아주지 않느냐?", "나는 다른 부모들보다 더 희생했는데, 너는 부모에게 존경과 감사를 표현하지 않느냐?", "너희들은 뭐가 부족하다고 왜 싸우는 거냐?", "다른 집은 이런데 도대체 왜 우리 집은 …." 불행은 이때부터 시작됐던 것이다.

행복한 가정의 다른 자식들과 경쟁하려면 나는 어떻게 행동해야 하는 걸까? 그 정답은 무엇일까? 평생 그 생각을 해왔지만 도무지 알 수 없었다. 그게 나의 문제라고 생각해왔다. 엄친딸이 되지 못하는 것 말이다. 우리 모두가 되어야 하는 완벽한 인간상처럼 완벽하게 행복한 가정에서 완벽한 인간으로서 어떻게 행동해야 하는지가 바로 톨스토이가 말한 행복한 가정과 비슷한 것이리라. 톨스토이는 첫 문장에서 행복한 가정들의 비슷한 모습을 언급했지만, 정작 그 비슷한 모습이 과연 어떠한지는 끝까지 보여주지 않는다. 안나 카레니나는 아들과 늙고 지루한 남편과 함께하는 가정에서도, 젊고 잘생기고 열정적인 애인과 함께하는 삶에서도 행복을 찾지 못한다. 그나마 행복 비슷한 것을 찾은 것처럼 보이는 부부인 레빈과 키티는 끊임없이 싸우고 자살 충동에 시달릴 만큼 심적 갈등을 겪지만, 서로를 이해하기 위한 노력을 그치지 않는다. 물론 완벽한 이해에 도달하지 못하지만 그것은 그들에게 중요치 않다. 불행한 가정에서 바라 마지않을, 남들에게 완벽하게 보이는 화기애애함과는 거리가 있다. 여기서 나는 이 노련한 작가가 진짜 하고 싶던 이야기가 '행복한 가정을 만드는 비슷한 조건들은 존재하지 않는다.'였던 것이 아닐까 하는 생각이 들었다.

무성한 소문으로만 존재하는 엄친아, 즉 완벽한 외모와 학벌, 고소득 전문직에 훌륭한 인격으로 모든 사람들에게 사랑과 인정을 받는 사람을 난 실제로 만나본 적이 없다. 행복한 가정은 불행한 가정들이 자신의 불행을 생산하는 과정에서만 존재하는 신기루일지 모른다. 수천 년 동안 행복을 탐구했던 많은 철학자들은 같은 결론에 도달했다. 행복은 존재하지 않는다고. 이를 찾아나서는 순간, 우리는 불행으로 향하는 급행열차를 예약하는 것과 같은 것이라고. 톨스토이가 말한 '행복한 가정의 비슷한 모습'은 바로 불행한 가정 안에서만 떠도는 모습이다. "우린 불행해. 다른 행복한 가정은 이러저러할 텐데 우린 안 그러니까."

그래서 우리 부부와 아이들은 열심히 우리의 불행, 불완전함을 좋아한다. 평범한 인간의 모습 그대로, 나도 남편도 아이들도 뒤죽박죽 엉망진창이지만 "왜 다른 엄마는 이러는데 엄마는 안 그래?", "왜 너는 다른 애들이랑 다르게 시시때때로 울고 불만인 거야?" 이런 이야기를 하지 않는다. 스마트폰이나 인터넷, 제대로 된 요리 없이 사는 것이 옳거나 정답이어서가 아니라, 그렇게 사는 일의 불편함과 어려움 자체가 주는 우리만의 독특한 불완전함을 좋아하는 것을 연습하는 것이다. 이것도 연습이 필요한 일이니까. 그것도 아주 많은 연습이.

한 걸음 더

질문 한국은 미국과 환경 차이가 있잖아요. 학원에 가지 않고는 친구조차 만나기 어려운 한국 대도시와, 미국의 시골은 주변으로부터 교육에 관한 영향을 받는 강도가 다를 것 같아요. 한국 환경 내에서도 적용 가능한, 아이들을 천천히 여유롭게 키우는 현실적인 방법이 궁금해요.

답 한국과 미국의 교육 문화 차이를 이야기하는 것은 지나친 일반화, 단순화의 문제를 피해갈 수가 없고, 같은 한국이나 미국 안에서도 온갖 변수에 따라 환경의 차이가 많으니 감안하고 들어주세요. 미국뿐 아니라, 전 세계 중산층의 교육열은 통계적으로 분명한 사실이에요. 대부분 산업화 국가에서는 학군에 따라 부동산 가격이 천지 차이고, 최근에는 미국 연예인 등 유명 인사가 자녀의 아이비리그 입학을 위해 서류를 위조해서 처벌받기도 했어요.

그런데 피부로 느끼는 교육열에 대한 압박이 한국에서는 왜 더 심하고 광범위하게 느껴지는 걸까요? 그게 바로 한국적 문화인 것 같아요. 남들과 주변에 관심을 기울이는 욕구가 큰 문화 말이에요. 외부에서 실제로 더 심한 압박을 주는 게 아니라, '주변에서 다 하니까 어쩔 수 없이 따라 가야 해.'라는 내면화된 욕구가 강한 거죠. 물론 이런 욕구는 사회 어디에나 있지만, 한국인들에겐 특히 강하다는 뜻이에요. 교육 지옥이 싫다며 이민 오신 분들이 여기에서조차 학원을 찾아요(이 역시 모든 분들이 그렇다는 건 아니에요). 미국에서 한인 이민 커뮤니티가 큰 지역에는 어김없이 학원이 생겨나죠. 이 또한 '학원이 나쁘다.', '교육열이 나쁘다.' 하는 차원의 이야기가 아닙니다. '어쩔 수 없이 한다.'란 생각이 과연 맞는 건지에 대해 생각해봐야 한다는 거지요. 다른 학부모들이 "그 집 애는 왜 다른 애들 하는 거 안 해? 그러다가 나중에 후회해." 이렇게 말하면 "응, 그냥 그러고 싶어서."라며 안 할 자유가 있어요. 그러니 어떤 선택을 하더라도 이 현실 속에서 어쩔 수 없이 나도 한다는 '포기의 교육관'만은 버렸으면 좋겠어요. 실제 한국에서도 주관을 가지고 이런 교육 환경에서 자유롭게 아이를 키우는 부모님들이 조금씩 생겨나고 있잖아요.

한국과 미국을 비교한 김에 덧붙여볼게요. 아이를 세계 어디서든 살 수 있는 사람으로 키우고 싶다면, 영어를 가르치는 것보다 더 중요한 것이 이런 문화를 당연시하는 사고방식에 의문을 품는 것일지도 몰라요. 미국처럼 개인적 선택이 더 강조되는 다문화, 다양성의 사회도 있는 거고, 꼭 미국이 아니더라도 한국을 벗어나면 어쨌거나 이방인이잖아요. 자신이 가진 개인적인 생각을 스스로 해보고, 그걸 지켜가는 태도는 한국 안에서도 어려서부터 충분히 기를 수 있어요.

또 다시 가족,
서로 발견해주는 기쁨

각자 독립해서 1인 세대가 늘어나는 요즘,
가족의 의미가 예전만큼 중요한 걸까요?

큰아이가 중 3이었을 때 아는 어른이 아이에게 물었다.
"너희 아빠는 널 그렇게 예뻐해서 시집은 어떻게 보내겠니?"
"아무렇지도 않을 걸요."
"왜?"
"저 결혼하면 집 세 개를 붙여 지어서 동생 가족이랑 엄마아빠랑 다 같이 살 거니까요."
 이 대답은 철없는 아이의 꿈이 아니다. 우리 가족은 이 계획을 진지하게 궁리한다. 아이가 어렸을 때에는 나도 3~4인 핵가족이 당연한 줄 알았다. 아이가 성인이 되어 독립하면 그들의 핵가족을 만들어서 각자 떨어져 사는 것 말이다.
 하지만 1인 가구의 증가, 혼밥, 혼술이 대세인 시대에 우리

가족은 시대와 정반대의 방향처럼 보이는 실험을 하려고 한다. 이 말뜻은 앞으로 어떤 배우자를 만나고 어떤 직업을 갖게 될지 알 수 없는 내 아이들을 반드시 우리랑 같이 살도록 고집하겠다는 뜻이 아니다.

4인 핵가족은 산업화와 자본주의가 탄생시켰다. 이전에 가족은 할머니, 할아버지는 물론이거니와 삼촌, 고모, 심지어 이런저런 인연의 식객이나 가족의 친구까지도 포함했다. 자본주의가 번성하기 위해 이런 가족의 붕괴는 필수적인 전제 조건이었다. 아주 간단하게 말하면, 이런 거대한 가족은 소비재를 스스로 생산하니 시장이 제공하는 것들을 사다 쓰지 않기 때문이다. 자본주의의 기본은 시장에서 돈으로 재화와 서비스를 거래하는 데에 있었다. 대가족은 가족 구성원 모두가 힘을 합쳐 쌀, 옷, 집 등 모든 걸 다 직접 조달하고 심지어 육아와 가사 노동도 함께 해결한다. 한마디로 시장에 살 필요가 없다. 이렇게 식구가 많으니 가사 도우미나 시간제 육아 도우미를 고용할 필요가 없게 된다.

4인 가족은 생필품은 물론, 일터로 나가버린 엄마아빠의 역할을 대신하는 온갖 종류의 도우미까지 구매해야 한다. 이제는 4인 가족까지 사라지려고 한다. 자본과 시장은 개인을 고립시킬수록 더 많은 것을 사고, 더 적게 생산한다는 것을 안다. 예전에는 아이들이 도맡던 잔심부름까지 대신 해주는 회사가 생겼을 정도니까. 심지어 아이들에게 세상 사는 법을 알려주던 부모의 역할까지 상담사, 정신과 카운슬러, 치료사 등에게 돈을 주고 맡기게 되었다. 가령, 영화 '미스 페레그린과 이상한 아이들의 집'에서 할아버지를 잃고 상심에 빠진 아들에게 아빠는 말한다. "그래, 네 마음을 터놓고 말하는 게 중요하지. 그럼 내일 상담해주시는 박사님께 전화해보자."

정신과 전문 상담사에게 맡기지 말아야 한다거나, 옛날 부모가 훌륭했다고 주장하는 것이 아니다. 옛날의 대가족을 이상적으로 생각하는 것도 아니다. 특히 딸을 둔 엄마의 입장에서 전통 대가족의 여성 착취는 생각만 해도 치가 떨린다.

예전 아이들의 고민과 문제는 엄마아빠와 이야기해서 해결하거나, 심지어 부모에게 말하지 않아도 또래와 어울리며 나이가 들면서 해결할 수 있을 정도로 간단했다. 하지만 요새 아이들이 갖고 있는 문제는 예전보다 심각하고 복잡해졌고, 적절한 시기에 전문적으로 훈련받은 사람의 도움이 필요해진 것이 사실이다. 부모가 자기 역할을 게으르게 떠넘기는 것이 아니라, 부모가 아무리 애써도 모든 것을 해결할 수 없을 만큼 이 세상이 복잡해진 것이다. 이 세상을 이렇게 복잡하게 만드는 것이 자본주의가 개인을 고립시켜 생산자가 아닌 소비자로 만드는 원리다.

여기에 소비자로 남겨진 개인은 누구라도 초라할 수밖에 없다. 인공지능이 판을 치고 일자리는 없어진다. 아무리 똑똑해도 최근 기술 발달로 초래된 사회의 복잡성에 비하면 오류투성이에, 이상한 성격에, 할 줄 아는 거라곤 돈 쓰는 것밖에 없는 효율 떨어지는 개인들이 넘쳐난다. 그런 개인들을 그들의 무능력, 성격적 결함, 사회 적응력 부족으로 몰아붙이기에는 그 수가 너무 많은 데에다 더 빠르게 늘고 있다는 사실이 뭔가 의심스럽지 않은가? 단순히 이 세대는 이전 세대보다 배가 부르고 나약한 것일까? 그럴 수도 있다. 소비 외에는 삶에 활력이 없는 인간이 이 시대의 이상적인 인간이므로. 어떻게 보면 시대의 요구에 맞게 살아가는 것이라고도 할 수 있다.

그러나 그렇게 살고 싶지 않은 개인에게 남은 전략적 우위의 가능성은 가장 인간다운 대응 방식, 바로 오류투성이인 인간들이 뭉치는 수밖에 없다고 생각한다. 그것이 바로 가족이 아닐까? 커뮤니티, 지역사회, 사회운동, 공산주의, 심지어 사이비 종교 단체까지 역사적으로 많은 이들이 자본주의의 큰 힘에 대응하기 위해 인간들의 연대를 실험했다. 모조리 다 실패했다. 각각의 실패 이유가 다 다르지만, 굳이 공통점을 찾자면 인간의 본성을 무시하고 지나치게 이상적인 목표를 세웠다는 것이 문제였다. 자본주의의 승승장구는 어떤 사악한 힘 때문이 아니라, 역시 인간의 공통된 깊은 본성에 잘 맞기 때문이다. 불안과 탐욕의 상승 작용이 바로 그것이다.

그렇다면 인간은 구제불능의 악한 존재일까? 인간의 본성이 한 가지만 있는 것은 아니다. 인간의 본성에는 타인과 함께하면서 자기 존재의 의미와 행복을 느끼는 것도 있다. 이 두 번째 본성에 기댈 수 있는 것이 '가족'이라고 생각한다. 가족이 뭉치는 방식의 장점은 개인성을 포기할 필요가 없다는 데에 있다. 뭐라고? 가족만큼 사람을 이래라저래라 구속하는 존재가 또 있었나? 옛날 가족은 분명히 그랬다. 아빠는 어때야 하고, 아이는 어떠해야 한다는 것이 분명히 정해져 있었다. 개인의 취향은 인정받지 못했다. 기대되는 역할을 수행해야만 가족이 존재할 수 있었다.

그러나 이 시대의 자본주의는 그 역할들을 전부 시장의 상품으로 돌리면서 그런 역할에 포함된 강제성과 억압을 우스개로 만들어버렸다. 자기 멋대로 행동하거나, 심지어 그것도 맘에 안 들면 혼자 살아버리면 된다! 그래서 역설적으로, 이제 드디어 가족이 뭉칠 수 있는 시절이 됐다. 개인성을 포기하지 않고 가족의 일원이 되는 일은 개인의 중요성이 극도로 발달한 현재에만 가능하다.

한때 셔터맨이라는 유행어가 있었다. 돈을 벌어와서 가족을 먹여 살리고 가장으로서 군림해야 하는 역할을 염두에 둔 비웃음 섞인 용어였다. 셔터맨이 되면 물론 비참했다. 그러나 이 시대에는 달라졌다. 경비회사, CCTV, 스마트 기술, 회계 소프트웨어 서비스 등이 판치는 시대에 진짜 필요한 것은 돈으로 절대로 살 수 없는 것이 되었다. 어리숙하기 짝이 없는 인간적 오류와 어리석음이 하늘을 찌르지만, 생존 경쟁 속 절체절명의 기로에서 실없는 농담으로 긴장을 풀어줄 수 있는 인간 파트너 말이다.

예전에 이런 상품들이 없었을 때 셔터맨의 시장가치는 없었다. 셔터맨 남편의 위로와 미소가 예전에는 "그게 밥 먹여주냐?" 하는 세상이었지만, 이 시대 자본은 그 모든 걸 시장가치로 전환해버렸기 때문에 도리어 가치가 생겨났다. 엄마가 혹은 셔터맨 아빠가 따뜻하게 맞아주지 않으면 이게 당장 돈을 써야 할 일이 된다. 정서가 불안정해져서 약을 사먹고 상담 전문가를 만나야 한다. 남편이 어딘가에서 돈을 더 많이 벌어와서 이런 걸 살 수 있게 해주면 된다고? 맞다. 하지만 그것은 위에서도 밝혔듯이 어떤 삶을 살고 싶은지에 대한 개인의 선택이고 결단이다.

이제는 가족이 뭉쳐서 생산하는 것들을 사주는 시장이 생기고 있다. 가족 사업에서의 인건비 절감효과는 1 대 1 대체의 가치 이상이다. 정신적·정서적·지속적 인간관계가 희소해진 세상이기 때문이다. 그런데 여전히 인간은 그런 것을 필요로 한다. 가족이 단지 정서적 안정감으로서의 삶의 부수적 사치나 의무의 존재가 아니라, 얼마만큼 생산의 주체로서의 지위를 확보할 수 있을까? 이제 가족은 그냥 출생으로 저절로 주어지는 것이 아니다. 해체되거나 적극적으로 삶 속으로 끌어들이거나 개인이 선택한다.

이제 다시 우리 아이들이 꿈꾸는 엄마, 아빠, 언니, 동생이 다 함께 사는 가속의 모습으로 돌아가보겠다. 우리 가족 구성원은 일단 개인의 개성과 장단점, 특성 모든 것에 대해 가치평가를 하지 않는다. 서로를 이 세상에 하나밖에 없는, 그 어떤 비교가 가능하지 않는 유일무이한 존재로 인정한다. 이것이 가능한 것은 각자 가진 인간적인 약점과 어리석음을 나만의 것으로 보지 않기 때문이다. 이것은 우리 모두의 것이다. 서로를 고치려 하지 않으며, 상대의 부족한 점은 나의 장점을 발휘하는 기회일 뿐이다. 그러한 유기적인 관계는 일회성, 일방성이 아니라 끊임없이 꼬리를 무는 소통의 방식이다.

가령, 우리 둘째는 선천적으로 예민해서 짜증이 나는 상황에서 쉽게 화를 내고 울음을 터뜨리는 성격을 가지고 있다. 우리는 이 아이의 이런 특성을 문제라거나 개선해볼 생각은 하지 않았다. 다른 가족이 아무렇지도 않은 상황에서 혼자 화를 내며 울고 있을 때 우리는 이 아이의 멋진 그림을 떠올리고, 이 아이의 빠른 사고 과정을 추측하며 기다리다가, 그 아이의 화가 끝나면 이야기를 들려준다. 예민한 아이답게 웃기도 잘 웃어서 자기 행동을 돌아보고 깔깔대고 웃는 모습은 우리 가족에겐 오락거리가 되었다. 실제 이 아이가 화내는 내용을 곰곰 생각해보면 기상천외하게 웃기다. 언니가 동생에게 붙여준 별명이 가족 코미디언이다. 그러다 보니 우는 모습까지 귀엽고 웃겼다.

아이가 계속 화를 내고 울어도 우리는 아무렇지도 않았겠지만, 이렇게 살다가 초등학교 입학 때쯤이 되자 아이는 "이유는 모르겠는데, 이젠 우는 게 귀찮아졌어."라더니 정말로 잘 안 운다. 우리는 조금 아쉬워한다.

"너 울고 소리를 지를 때 너무 귀엽고 재미있었는데."

"근데 이젠 언니를 때리고 우는 것보다 언니랑 노는 게 더 좋거든."

그렇게 우리는 둘째를 어린이집에도 보내지 않고(맨 처음에 보냈을 때 쉽게 적응했던 첫째와 달리 울고불고 적응이 힘들었다), 어떤 장난감이나 교육 프로그램도 이용하지 않고 가족이 함께 키웠다.

이런 가족관계는 의식적인 자아 존중과 서로에 대한 확인, 믿음을 거쳐야만 한다. 과거의 가족이 혈연으로서 끝이었던 것과는 다르다. 서로 각자가 인간으로서의 필연적 어리석음을 서로 인정하고 함께 보충해주는 것이다. 서터맨의 예로 돌아가자면, 이러한 소중한 기능은 가족 구성원 모두가 인정할 때에만 형성될 것이다. 전문직 부인이 '내가 저 남자를 먹여 살리는 것'이라거나, 남편이 '내가 남자 체면에 여자한테 얹혀산다.'라고 생각하는 순간, 그것은 더 이상 가족이 아니다. 이혼이 아무렇지도 않은 1인 가구 시대에 조만간 해체될 것이 뻔하다.

우리 가족 역시 혈연으로 가까운 친척들과의 왕래는 많지 않다. 서로에 대한 인정과 정서적 지지의 합의가 이뤄지지 않으므로 만나야 할 이유도 없는 것이다. 누구에게든 시간이 돈인 자본주의 사회에서 시간을 내 만나야 할 이유 말이다. 하지만 함께 생산하는 일의 즐거움, 그래서 먹고사는 일과 연결시킬 수 있다는 믿음을 함께 나누는 친구들의 가족과는 정말 가족처럼 지낸다. 그리고 우리가 함께 생산할 수 있는 궁리를 하곤 한다.

이 시대의 가족은 기계와 경쟁해야 하는 극한 효율의 시대에 가장 인간적인 약점을 소통하고 위로하고, 그로 인한 상상과 정서적 지지, 상호보완이라는 인간만이 가능한(인간의 어리석음 때문에 개발된) 이러한 능력을 기반으로 한, 우리가 여전히 인간으로 남을 수 있는 유일한 대안일지도 모른다.

물론 장단점이 있을 것이다. 한 인기 드라마에서 "나는 유용한 것보다 무용한 것에 끌린다."란 대사가 있었다. 아마도 몇 년 전에는 멋진 이야기라고 생각했을 것 같다. 그런데 이제는 도대체 무용과 유용을 나누는 것 자체가 참 무용하다고 느껴진다. 유용한 것에서 이득을 얻든, 혹은 멋을 부려 '무용하지만 아름다운 것을 좋아하는 여유와 눈이 있다.'고 주장하든, 그건 결국 무언가를 나눈다는 점에서는 하나도 다르지가 않다. 유용한 것은 유용하기 때문에 다른 모든 가능성들을 없앤다는 점에서 참으로 무용하고, 무용한 것은 무용하기 때문에 다른 유용의 가능성을 열어주므로 유용하다.

사춘기 시절, 아이가 내게 물었다.
"엄마가 보기에 내 단점은 뭐야?"
정말 호기심이 가득한 얼굴이었다. 말문이 막혔다. 나는 자식이건, 남편이건, 친구건, 혹은 상담하는 아이들이건 '내' 사람을 그런 기준 자체로 본 적이 없으니까. 똑같은 이유로 칭찬도 하지 않는다. '내' 사람은 나에게 3차원조차도 넘어서는 복잡계다.
"그건 엄마가 대답할 수 없는 질문인데."
"그래도 엄마, 내가 완벽한 사람일 수는 없잖아."
"완벽한 사람이 어떤 사람인지를 엄마는 알 수가 없어. 완벽한 사람만이 그걸 알 수 있는 거잖아."
"그럼 엄마는 알 수 있어야 하잖아. 엄마는 완벽하니까."
"뭐?"
정말 충격받았다. 혹시 비웃거나 놀리는 거 아닌가 싶어서 몇 번 더 물었는데, 이 애는 진지하게 그렇게 생각하고 있었다. 아, 도대체 내가 아이한테 무슨 뻥을 치고 폼을 잡았던 걸까? 나를 좋게 봐줘서 기쁜 마음이 3할쯤이었다면 7할은 정말 걱정됐다. 아이가 나한테 나중에 크게 실망할까 봐.

"웃기지 마. 너 엄마 놀리는 거지?"

"물론 완벽한 사람은 없다는 걸 알아. 하지만 엄마는 인간이 완벽해질 수 있는 가능성 중에서 가장 완벽한 인간이라고."

"엄마는 단점투성이인데."

"엄마는 하고 싶은 대로 하잖아. 뭐든지 말이야. 엄마처럼 자기가 하고 싶은 대로 하면서 사는 사람은 없을 거야."

"그렇지. 거 봐, 그게 엄마의 엄청난 단점이지."

"어떻게? 그거야말로 엄청난 장점 아니야?"

딸은 '마음대로 하면서 사는 것' 자체가 장점이라고 열을 올리며 설명했다. 나는 정말 창피했다.

그런데 딸과 내가 동의하지 못했던 포인트 자체가 훌륭한 통찰의 지점이다. 내 인생을 힘들게 했던 나의 거대한 단점이 바로 하고 싶은 일, 궁금한 일은 내키는 대로 일단 해봐야 직성이 풀린다는 것이었다. 이런 일은 대부분 필수적인 일도 아니고, 내게 이익이 되지도 않았다. 내게 유용하든 말든, 엄마가 나를 두들겨 패든 말든, 내가 멍청하게 보이거나 생각도 없는 여자처럼 보이든 말든 상관없는 행동이다. 이런 성격 때문에 굳이 겪지 않아도 될 고난들을 겪기도 했다. 사실 고난인 줄도 모르고 내 마음대로 하면서 흐뭇해할 정도로 나는 단순하기까지 하다. 그런데 아이의 극찬을 듣고 보니 정말 그 말도 맞지 뭔가. 나를 가장 나답게, 나를 가장 강력하게 만든 것은 바로 나의 이 치명적인 단점이었다.

나에게도 이런저런 장점들이 있다. 하지만 이 장점들은 결국 내 인생에는 미미한 것이었다. 장점은 남들과 비교하면 사실 특출난 것들이 아니다. 하지만 단점이나 고난이야말로 나의 독특함, 특별함이 될 가능성이 있는 것이다.

우리 아이들을 경쟁력 있는 인간의 기준으로 따지자면 당연히 여러 모자란 부분들이 많다. 나 역시 조건을 따져보면 영락없는 불량 엄마다. 하지만 난 어떤 것도 전혀 개의치 않는다. 그래서 아이들에게 아무것도 잔소리할 게 없다. 잔소리할 만한 것들이 보여도 금방 생각한다.

'넌 그걸로 살아가겠구나. 도대체 어떤 모습으로 살아갈까?'

이는 즐거운 궁금증이다. 아이의 장점은 미래가 뻔하지만 단점은 아이만의 요리법으로 변신할 테니까. 유용과 무용, 장점과 단점에 대한 불안을 이기고, 그 구분을 견뎌내는 걸로 '엄마 노릇'은 끝!

PART 3.
가족: '우리'라는 경쟁력

에필로그

아빠를 질투하게 만드는 엄마
(김선우, 『40세에 은퇴하다』 저자)

이 책을 쓴 박혜윤의 남편인 나는 평범한 아빠다. 아이들과 잘 놀아주기도, 아이들을 엄하게 혼내기도 한다. 자상하게 대하다가도 기분이 상하거나 마음이 복잡할 때 버럭 언성을 높이기도 한다. 아이들이 착하고 책임감 있는 사람이 됐으면 하는 마음에서 이런저런 예의범절을 강요하기도 한다. 이왕이면 공부도 잘했으면 좋겠다. 그래서 가끔은 아이들과 충돌한다. 하지만 아이들 숙제도 잘 봐주고 학교에서 일어난 얘기도 잘 들어준다. 그래서 나름 자상한 아빠라고 자부한다.

반면 아내는 자상함과는 거리가 먼 편이다. 자기가 내킬 때가 아니면 아이들과 놀아주지 않는다. 숙제도 안 봐준다. 하기 싫은 숙제는 안 해도 사는 데에 지장 없다고 말한다. 아이들이 학교에서 학업과 관련해 뭘 하는지, 어떻게 하고 있는지 안중에도 없다. 대신, 해주는 대로 먹고 정해진 시간에 자기만 하면 거의 무한대의 자유를 준다. 내가 아이들에게 뭐라고 한마디라도 하려고 하면 항상 "냅둬."란다. 요샛말로 무지 '쿨'한 엄마인 셈이다. 문제는 아이들이 자기들 뒤치다꺼리를 하느라 화내고 진땀을 빼는 나보다 엄마를 훨씬 더 잘 따른다는 데에 있다. 엄마가 시키는 걸 할 뿐만 아니라, 엄마의 마음을 헤아려 알아서 복종하려고까지 한다. 얼핏 보면 아무것도 하지 않으면서 인기는 독차지하고 있는 것 같아서 솔직히 질투가 난다. 하는 것도 없는 엄마를 아빠보다 애들이 훨씬 더 좋아하니까.

대체 어떻게 된 걸까? 처음엔 그냥 놔두니까 좋아하는 건 줄 알았다. 아이들은 이것저것 시키는 사람보단 편하게 해주는 걸 좋아하는 게 당연하니 말이다. 하지만 단순히 그 때문이라고 단정짓기엔 뭔가 석연치 않은 점이 많았다. 나도 아이들을 위해 나름 노력하고 있고, 그 노력에 대한 대가를 받았으면 좋겠는데 내 옆에 마치 에베레스트와 같은 넘사벽이 서 있는 느낌이기 때문이다.

그래서 나름대로의 분석을 해본 결과, 박혜윤이 엄마로서 최고의 인기를 누리고 있는 건 다음과 같은 세 가지 이유 덕분이라는 결론에 도달했다.

첫째, 우선 시스템 구축. 쉽게 말해, 아이들에게 무한대의 자유를 주더라도 아이들이 이상한 방향으로 빠질 수 없게끔 시스템을 구축한 후 자유를 준다. 예를 들면, TV와 인터넷을 없애고 스마트폰이나 게임기를 집에 들이지 않는 게 여기에 속한다. 이게 생각보다 무지 어려운 일이다. 부모인 우리도 그런 문명의 이기를 포기해야 하기 때문이다. 하지만 이런 시스템이 구축되고 나면 별로 할 일이 없다. 아이들은 심심함에 지쳐 열심히 뭔가를 읽고 쓰고 만들기 시작한다.

둘째, 잔소리 금지. 우리 집에서는 절대로 해서는 안 되는 몇 가지만 빼면 대부분 다 허락된다. 위에서 말한 것처럼, 해준 대로 먹지 않으면 굶어야 하고 자라는 시간에는 무슨 일이 있어도 자야 한다. 하지만 그 외에는 반드시 해야 할 일이 없다. 샤워는 자기가 몸에서 냄새가 나면 하는 거고, 숙제는 하기 싫으면 안 해도 된다. 물론 책임은 본인이 진다. 넓은 울타리를 쳐놓고 그 안에서는 자유 방임인 셈이다. 이 방식의 장점은 아이들과 부딪칠 일이 없다는 점이다. 얼마나 많은 부모들이 잔소리를 하다가 아이들과 부딪치고 사이가 나빠지던가.

셋째, 순간 포착. 박혜윤은 별로 하는 일이 없는 것 같지만 교육이 필요하거나 간섭이 필요한 순간을 귀신같이 포착해 아이들과 소통을 한다. 이는 교육 심리학 박사이기 이전에 아이들을 끊임없이 관찰하고 있기 때문에 가능한 일이다. 하루 종일 낮잠이나 자고 아무것도 안 하는 것 같은데, 사실은 아이들의 일거수일투족을 보고 있다는 얘기다.

아이들은 부모의 마음을 헤아려주지 않는다. 내가 아무리 아이들을 사랑하고, 그들이 좋은 사람이 되기를 원해도 아이들은 내 마음을 다 알 수가 없다. 나의 마음이 어떻든 아이들은 내가 하는 말과 말투, 얼굴 표정, 행동을 보고 나를 판단한다. 좋은 마음에서, 걱정 어린 마음에서 얘기를 하더라도 그 방식이 짜증스러우면 아이들은 싫어할 수밖에 없다. 그래서 내가 아무리 좋게 얘기를 해도 아이들은 잔소리로 받아들인다. 반면 엄청난 자유를 주고 잔소리는 전혀 하지 않는 엄마는 배후에서 아이들을 조종하면서도 최고의 인기를 누린다.

가끔 걱정되기도 한다. 우리 집 애들은 나중에 커서 뭐 해먹고 살까? 신기술에 뒤처지는 건 아닐까? 박혜윤에게 이렇게 물어보면 자기도 모른다고 태연하게 말한다. 아이를 믿는다는 건 그런 거라고 해맑게 덧붙이며. 오늘 하루, 아이도 부모도 즐겁게 지냈으면 그걸로 대단한 거 아니냐고 반문한다. 내가 모르는 믿는 구석이 어딘가 있어서 저러겠지 하는 수밖에 없다. 그럼에도 불구하고 질투가 나는 건 어쩔 수 없다.

완벽한 우리 엄마
(김세민, 능숙하지 않은 한국어로 썼어요)

어느 날, 갑자기 우리 엄마가 저한테 오더니 '엄마'에 대한 글을 써 달라고 했어요. 그래서 제가 물었죠.

"왜? 어디에 쓰려고?"

"엄마가 너를 키운 이야기, 책으로 낼 거야. 거기에 에필로그를 내 딸이 써주면 재미있잖아."

처음에 한국어로 써야 한다고 해서 망설였습니다.

"왜 그래? 너 한국어 잘 쓰잖아."

우리 엄마가 물었어요.

"응, 맞아. 할게."

그래서 나의 자존심을 지키려고 이 글을 쓰게 됐습니다. 엄마가 하라고 하는 건 다 잘할 수 있을 것 같다는 생각이 들어요. 그냥 모든 게 쉽게 느껴져요. 잘 생각해보면 창피하거나 말이 안 되는 일인데도, 당연한 것 같아요.

정말 오랫동안 생각했어요. 우리 엄마…, 뭐라고 써야 할지 몰랐고, 어떻게 한국어로 표현해야 되는지 몰랐어요. "우리 엄마 너무 웃기다.", "엄마는 나에게 많은 걸 가르쳐줬고.", "우리 엄마 이상하지만 그래도 좋아요."…. 초등학생이 어버이날에 엄마한테 갖다드리려고 쓴 글처럼 보였어요. 유.치.하.게.

그래서 다 지우고 나서 다시 곰곰이 생각해봤어요. 우리 엄마는… 이상하다. 왜 이상할까? 생각나는 이유를 다 적었어요.

- 머리가 너무 짧다(엄마답지 않게).
- 야채를 계속 먹인다. "다른 걸 먹고 싶어? 좋아! 대신 야채 먼저 먹고!"
- 매일 아프지도 않은데 침대에만 계속 누워 있다.
- 그 침대에서 잠도 많이 잔다(매일 낮잠을 잔다. 그리고 우리 집에서 제일 중요한 규칙은, '엄마가 잘 때 쥐 죽은 듯이 조용히 한다!').
- 절대 책상을 안 쓰고 침대 하나를 거의 사무실처럼 쓴다(책이 다 펼쳐져 있고, 컴퓨터는 저기 던져져 있고, 차 마시는 컵은 바닥에 쏟을락말락 하고 있고…, 난장판이에요. 침대에서 1미터 거리를 갈 수가 없어요. 뭘 밟게 되어 있어서).
- 우리더러 공부하라고는 절대 안 하지만, 우린 밤 9시에는 꼭 자야 한다.
- 성적? NO 관심(정말, 전혀. 물어보지도 않고 관심도 없어

요. 전부 F를 받아도 모를 거예요)!
- 내 친구 관계와 소식에는 제일 관심이 많아요. 매일 학교 끝나고서 저한테 물어요. "엄마한테 들려줄 소식 있어? 빨리 얘기해줘. 너무 궁금해!"
- 가끔 살짝 미친 행동(?)을 해요. 특히 내 친구들 앞에서. 그런데도 내 친구들은 다 우리 엄마를 무서워하더라고요. 별로 무섭게 미친 행동은 안 하는데. 왜 그런지 모르겠대요. 아무 생각 없는 사람처럼 가만히 서 있거나, 반가우면 잘 모르는 애한테도 막 손 흔들고 인사해요. 그 애도 같이 따라서 손 흔들 때까지. 진짜 무서운 게 아니라, 보통 어른들이랑 너무 달라서 신기해하는 것 같아요.

이상하다 느껴지는 이유가 진짜 많아요. 그런데 사실, 전 엄마랑 너무 오래 살다 보니 엄마의 이상한 점에 익숙해져서 이런 점들이 이상하다고 느껴지지 않아요. 하나도 창피하지 않고, 제가 이보다 더 엄마를 좋아할 수도 있을까 할 정도로 좋아해요.

한국 어른들 중엔 이런 걸 궁금해하거나 걱정하는 사람들이 있더라고요. "휴대폰 없이 살면 아이가 엄마한테 너무 분노^{resentful} 하지 않을까?", "공부도 안 시키고 학원도 안 보내주면 어떡하니? 세민이는 똑똑하지만, 그래서 대학은 어떻게 가려고 그래?", "이러면 커서는 엄마랑 사이 나빠질 텐데…", "아이가 엄마 말을 이렇게 잘 들을 수는 없는데. 혹시 집에서 때리나요?"

아니요, 절대! 우리 엄마는 폭력적인 행동은 결코 하지 않아요. 어떻게 이렇게 생각하고 걱정을 하는지 저로선 너무 신기해요. 우리 엄마는 거의 마법사 수준이에요. 안심시켜 드릴게요^{Let}

me reassure you. "저, 정말로, 우리 엄마가, 너무, 좋아요!" 제가 저의 인생에서 느끼는 커다란 만족감은 엄마 덕분인 것 같거든요. 어떻게 그렇게 했냐고요? 글쎄… 저는 설명을 잘 못해요. 우리 엄마한테 직접 들으세요. 저도 나중에 엄마가 되면 엄마한테 물어보고 따라 하고 싶어요.

에필로그

부모는 관객이다

1판 1쇄 발행   2020년 7월 30일
1판 4쇄 발행   2024년 7월 10일

글   박혜윤
그림   유희진
펴낸이   강재인
디자인   로테의 책
펴낸곳   책소유

등록   2017년 12월 4일(제666-98-00428호)
주소   (16025) 경기도 의왕시 내손로57, 1406동 16층 4호
전화   070-8624-5528
팩스   0505-350-4545
이메일   emma_book@naver.com
홈페이지   http://booksoyou.com
인스타그램   @booksoyou

ⓒ 책소유 2020, Printed in Korea.
ISBN 979-11-962540-6-3 (13590)

* 저작권자나 발행인의 허락과 승인 없이 이 책의 모든 글과 그림, 디자인을 무단으로 복사, 복제, 전재하는 것은 저작권법에 위배됩니다.
* 책값은 뒤표지에 있습니다.

> 『이 도서의 국립중앙도서관 출판예정도서목록(CIP)은 서지정보유통지원시스템 홈페이지(http://seoji.nl.go.kr)와 국가자료공동목록시스템(http://www.nl.go.kr/kolisnet)에서 이용하실 수 있습니다.(CIP제어번호: CIP2020027155)』